学校図書館利活用授業の学習の流れ

（1）新しい学び
○各教科書教材（図表・写真・挿絵等を含む）の確かな読みを前提として

主体的	対話的で	深い学び
①課題を自ら発見する ②学習計画の作成 ③基礎的な情報活用能力	①児童相互の対話 ②教師等との対話 ③教科書教材や図書館資料等との対話	①活用出来る知識・技能 ②思考・判断・表現の発揮 ③学ぶ意欲
物事の中から問題を見いだし、その問題を定義し解決の方向性を決定し、解決方法を探して計画を立て、結果を予測しながら実行し、振り返って次の問題発見・解決につなげていく過程	精査した情報を基に自分の考えを形成し、文章や発話によって表現したり、目的や場面、状況等に応じて互いの考えを適切に伝え合い、多様な考えを理解したり、集団としての考えを形成したりしていく過程	想いや考えを基に構想し、意味や価値を創造していく過程

中央教育審議会答申
「知識及び技能を活用して問題を解決する」過程

（2）単元全体の学習過程（学びのプロセス）
○各教科等の年間指導計画内に学校図書館利活用授業を位置付けて

つかむ	調べる	まとめる	伝え合う
学習過程 ①さがす 疑問やもっと詳しく知りたいこと等を書き出す ②しぼる 疑問や知りたいことを分類したり関連付けたりする ③決める 単元目標に到達できるか判断し絞り込んで、疑問文等で表記 ④計画する 答えを予想し、どのように調べるか相談し作成	学習過程 ①集める 自分が必要とする複数の図書館資料や関連する資料を収集する ②読む 集めた資料について、事実と感想、意見・考え等に区別し課題解決につながるか判断しながら読む ③書き出す 引用と要約の方法を知り、図表等も加え、著作権に配慮して書き出す	学習過程 ①整理する 調べたカードや付箋紙を分類し関連するものをまとめる ②組み立てる 分類・比較・関連付け・考察して、構成を考えて並べる（観察見学も） ③書き表す 誰にどのように伝えるか明確にして作成する ④構成する 図表・事例等も活用し、推敲する	学習過程 ①発表する ペア・グループ・学級全体等多様な形態で発表する ②話し合う 大事な点や課題についての考えがよく分かるか、分かりやすいか等について互いに伝え合う ③展示する 掲示したり他の学級・学年と交流する
手立て ①ゴール表現モデルの提示 課題解決のまとめ方・表現方法を教師が作成して導入時に提示する ②図書館資料提示 導入時に、課題に関連する図書館資料を提示し、学習活動と並行して読むようにする	手立て ①目次・索引活用 図鑑、百科事典、年鑑等の目次と索引の活用方法を指導する ②引用・要約 著作権に配慮することと方法を指導する ③付箋紙・カードキーワード・短く書く等の指導	手立て ①焦点化 課題解決のために何が必要か判断する ②分類・関連付け 比較、分類、関連付ける方法の指導 ③構想 伝えたいことを明確にする ④課題別グループで相談と交流	手立て ①発表メモ 相手に伝える大事な点を落とさないようメモを作成する ②ペア・グループ 全体に発表する前に交流し、修正する ③保存・活用 完成作品の活用・交流と保管
○疑問を言葉にでき、知りたいことを見付ける喜び ○興味関心が広がり図書館資料活用ができる喜び	○様々な図書館資料等から適切に選び取る喜び ○引用等の方法を活用して書き抜く達成感	○調べたことを適切に分類し、組み立てる満足感 ○調べたことから自分の考えをまとめる喜び	○効果的に発表できた達成感 ○課題解決ができ、調べたことや作品が評価される成就感

学習過程における情報活用能力の基礎（○）と留意点（◇）

つかむ	調べる	まとめる	伝え合う
○目的や課題に応じた図書館資料を複数選択し課題解決に必要な事柄を調べることができる ○タブレットPC等の入力・検索・記録写真・文書作成等ができる ○辞書・事典・年鑑等の使い方を理解している ○学校司書と連携し関連する図書館資料を準備する	○事実・事例と感想・意見を区別して読み取る ○引用・要約ができる ○観察記録・付箋紙やカードへの記録及びインタビューができる ○新聞や広報誌、映像資料の活用ができる ◇書名・出版社名・著者名・出版年を記入できるようにし、ワークシートやカードを準備する	○情報の分類・整理ができる ◇課題解決につながり、自分の考えを支える情報が収集できているか判断できる ○情報カードや付箋紙のまとまりから、小見出しやタイトルを作成できる ◇課題・課題設定の理由・調査方法・調べたこと・結果・結論等を明確にする	○相手意識をもち、要点を落とさず発表メモを作成できる ○様々な発表方法があることを知り、発表の要点をメモしながら聞くことができる ○自ら進んで交流を深めようとする ◇正確に伝わるように、効果的な表現方法を工夫し、交流を深める

学校図書館利活用シリーズ 1

広く深い学びをすべての子どもに

SCHOOL LIBRARY

押上武文・小川博規
【編著】

学文社

執 筆 者

*押上　武文　日本学校図書館学会顧問
　　　　　　元昭和女子大学教授

*小川　博規　元全日本小学校学校図書館研究会会長
　　　　　　元荒川区学校図書館支援室長

出井　玲子　荒川区立第五峡田小学校長
山内　由希　荒川区立汐入東小学校主任教諭
三浦　希望　荒川区立汐入東小学校学校司書
小長谷啓子　荒川区立峡田小学校司書教諭
奥家　敦子　荒川区立尾久西小学校学校司書
中村　優太　荒川区立赤土小学校主任教諭
鳥海　裕美　荒川区立第二日暮里小学校学校司書
高原　利恵　荒川区立第六日暮里小学校主幹教諭
加藤　沙織　荒川区立第六日暮里小学校教諭
福島　礼子　荒川区立ひぐらし小学校主任教諭

（＊は編者）

は　じ　め　に

　グローバル化の進展や人工知能（AI）の飛躍的な進化などによって，児童を取り巻く現況はかつてない劇的で予測できない変化をしています。近未来には，労働人口の半数近くがAI技術やロボットが占める可能性があるとも予想されています。このような時代に生きるには，どのような力を身に付ける必要があるのでしょうか。

　今回告示された学習指導要領は，資質能力の育成を強調し生きる力の育成を基本理念として基礎的・基本的な知識や技能の習得と思考力，判断力，表現力のバランスを重視し，知識の理解の質をさらに高め確かな学力を育成することとしています。このことを認識するとともに，これらの資質能力の育成を図る実現状況を把握することが重要です。その指標として，文部科学省が実施した全国学力テストの結果によれば，知識や技能の習得は一定の評価ができるレベルに達していますが，その知識や技能を活用する力を問う正解率は低く不十分であると分析しています。また，学校における学習活動において，活用力とともに課題を探求する力を育成する指導法の工夫が十分とは言えない現状にあります。このことは，児童が基礎的・基本的な知識や技能を確実に身に付け，これらを活用する力や自ら課題を見付けて探究する力を生み出す学習指導過程が求められていることを示しています。

　各教科等における学習指導の過程は，習得，活用，探究に分けられます。より質の高い学習にするためには，基礎的・基本的な知識や技能を習得する過程では，多くの教科において教科書が主たる教材となり，単元や題材の目標を達成するため，その習得を充実する学習資料が必要となります。活用する過程や探究する過程では，学習者の課題に応じて学習活動が進められますので，課題解決に適切な学習資料が必須となります。各教科等の学習活動に必要な学習資料を収集し整理・保存して提供するのは，学校図書館の重要な役割です。学習活動の必要な場面において，学習資料（図書館資料）の活用を適時適切に促す的確な指導が大切にされなければなりません。

　ここで，①小学校学習指導要領総則第3−1−(7)と，②学校図書館法第2条の重要なフレーズを確認しておきましょう。

① 「学校図書館を計画的に利用しその機能の活用を図り，児童の主体的・対話的で深い学びの実現に向けた授業改善に生かすとともに，児童の自主的，自発的な学習活動や読書活動を充実すること」（授業改善）
② 「学校の教育課程の展開に寄与するとともに，児童又は生徒の健全な教養を育成すること」（目的）

　本書は，学校における教育課程の具体的な展開の充実を図るため，学校図書館の利活用を生かし児童の主体的・対話的で深い学びの実現に向けた授業改善を目指した実践的な提示です。特に，近未来に向けて必要とされながら育ちきれていない課題を解決する学習指導過程と方法を考案し，

児童の自主的・自発的な学習活動や読書活動の更なる充実を図ろうとするものです。学習活動は各教科等の特質によって多様に展開されますが，本書においては①児童自ら課題を探究する学習過程「学びのプロセス」と指導法，②授業者と学校司書の連携・協働による学校図書館を利活用した授業づくり，③図書館資料を活用した学習に読むこと・書くことの一体的な指導の3観点を重視しています。

① 「学びのプロセス」は，〈つかむ→調べる→まとめる→伝え合う〉の展開で児童自ら学習意欲を伸ばし，級友と新たな考えを創造しようとする姿勢を身に付ける指導です。このことは，児童がこれまでの自らの知識や経験をもとに図書館資料を探究することによって，考えを練り高めそして深め合い，学年の認識発達なりに考えをまとめて物事の本質に迫ろうとする学習を目指します。基本的な学習過程や手立てを見返しに図示し，第1～3章の指導事例に単元の具体的な実践構想を紹介しています。特に「学習の流れ」に確かな学習に向けた指導をするために，（○指導のポイント　●学校図書館利活用のポイント　☆交流のポイント　△指導形態・方法等）の視点から児童の主な学習活動と授業者の指導の重点を明示するとともに，学習を可視化できる全体構想図や指導の手掛りとなる指導資料を記述しています。

② 「授業者と学校司書の連携」は，学校図書館利活用の授業構想に不可欠です。学校図書館法第6条には，「学校図書館の利用の一層の促進に資するため，専ら学校図書館の職務に従事する職員（「学校司書」）を置くよう努めなければならない」と規定しています。本書の指導事例では，授業者（担任）と学校司書が連携・協調して授業づくりをする活動を示しています。特に単元ごとに学校司書の立場から学習活動，資料提供，レファレンスなどの教育的支援として実践をもとに計画的に提示しています。

③ 「読む・書く指導」は，図書館資料を読み，課題に関わる箇所を引用・要約して書き出し組み立て書き表す学習ですから，必然的に意識して重視されなければなりません。言語活動の基幹教科国語の指導を充実するとともに，各教科等の課題解決の学習過程で配慮すべき必須要件です。このことについては，見返しでその骨子を図示し，指導事例で掲載した指導資料で詳細に取り上げています。

なお，追記することとして，1つは各章の巻頭に読書活動に関わる習得・育成・涵養に重視すべきであると考えた指導心得を提示しました。2つ目は事例に取り上げた単元は読書感想文，調べる学習レポート，手紙，小論文などいずれも社会からの要請による課題を教育課程に位置付けすべての児童に学習させる社会に開かれたカリキュラム・マネジメントの推進を意図したものです。

読者皆様の実践に基づくご指導をいただければ喜びであります。

令和元年7月6日

押　上　武　文
小　川　博　規

目　　次

第1章　低学年─読むことに親しむ─ 1
Ⅰ　低学年の指導 1
Ⅱ　指導事例 4
　1　読書感想文を書こう（1年）... 4
　　　読書感想文を書こう（1年）学校司書の教育的支援 7
　2　調べる学習にチャレンジしよう（1年）...................................... 11
　3　調べる学習にチャレンジしよう（1年）...................................... 16
　　　調べる学習にチャレンジしよう（1年）学校司書の教育的支援 17
　4　手紙文を書こう（1年）... 21
　　　手紙文を書こう（1年）学校司書の教育的支援 24
　5　小論文を書こう（1年）... 27
　　　小論文を書こう（1年）学校司書の教育的支援 31
　6　読書感想文を書こう（2年）... 34
　　　読書感想文を書こう（2年）学校司書の教育的支援 38
　7　調べる学習をしよう（2年）... 41
　　　調べる学習をしよう（2年）学校司書の教育的支援 44
　8　手紙文を書こう（2年）... 48
　　　手紙文を書こう（2年）学校司書の教育的支援 52
　9　小論文を書こう（2年）... 55
　　　小論文を書こう（2年）学校司書の教育的支援 58

第2章　中学年─読む力を確かに─ 61
Ⅰ　中学年の指導 61
Ⅱ　指導事例 66
　1　読書感想文を書こう（3年）... 66
　　　読書感想文を書こう（3・4年）学校司書の教育的支援 70
　2　調べる学習をしよう（3年）... 73
　　　調べる学習をしよう（3・4年）学校司書の教育的支援 77
　3　手紙文（読書感想）指導（3年）.. 80
　4　小論文を書こう（3年）... 85
　　　小論文を書こう（3・4年）学校司書の教育的支援 89
　5　読書感想文を書こう（4年）... 92

6　小論文を書こう（4年） ……………………………………………………… 96

第3章　高学年—読みを広げ深める—……………………………………………… 99
　Ⅰ　高学年の指導 ……………………………………………………………………… 99
　Ⅱ　指導事例 …………………………………………………………………………… 102
　　　1　読書感想文を書こう（5年） ………………………………………………… 102
　　　　読書感想文を書こう（5・6年）学校司書の教育的支援 ………………… 105
　　　2　調べる学習を進めよう（5年） ……………………………………………… 109
　　　　調べる学習を進めよう（5・6年）学校司書の教育的支援 ……………… 112
　　　3　小論文を書こう（5年）「メディアについて考える」…………………… 115
　　　　小論文を書こう（5・6年）学校司書の教育的支援 ……………………… 118
　　　4　読書感想文を書こう（6年） ………………………………………………… 122
　　　5　調べる学習を進めよう（6年） ……………………………………………… 127
　　　6　小論文を書こう（6年）「自由な発想で」………………………………… 131
　　　7　小論文を書こう（6年） ……………………………………………………… 134

資料 …………………………………………………………………………………… 139
　1　教育関係の主な法規〈抜粋〉 …………………………………………………… 140
　2　小学校学習指導要領・主たる図書館関係法規〈抜粋〉 ……………………… 140

第1章 低学年
―読むことに親しむ―

Ⅰ 低学年の指導

　児童に読書習慣を身に付けさせることは、国語力を向上させるだけではなく、一生の財産としての「生きる力」ともなり、楽しみの基になるものである。児童の心と、ことばを育てるためには、「読む」能力を土台に、さらに発達段階に応じて、読みを深めるための力も付けていく必要性を今、強く感じている。読書活動を中心にして適切な言語を使用しながら心を育て、それを日常の生活の中にも生かしていくことで、学習に対する態度が意欲的になり、学校生活全体においてもよりよい人間関係が生まれるであろうと考える。

　しかし、低学年児童一人ひとりの読書時間はあまり多いとはいえない。また、読書傾向が偏っているなど、いろいろな読み物に興味をもつまでには至っていない。

　そこで、担任が読み聞かせやブックトークをしたり、親子読書の機会を設定したりして、読書を啓発することで、今後も、さらに読書の分野を広げ、自主的な読書への意欲付けを図りたい。

　さらに、友だちとの読みの交流を通して自分の読みを見つめ直したり、自らの読みの深まりを実感させたりしていきたい。

「ことばを豊かにする」ために

- 言語活動を活性化し、言語力を育成するために、児童の発達段階に応じた指導の充実とともに、言語の果たす役割に応じた指導の充実を図る。日本語での思考・理解ができるようにし、語彙を豊かにする。
- 国語科の学習を中心としながら各教科等の言語活動を重視し、その活動を通して思考力・判断力・表現力等を育成する。
- 各教科等の学校教育全体において、言語環境を整備し、文章や資料を活用して、論理的に考え、考えたことを表現し、互いの思いや考えを伝え合う言語活動を充実させる学習によって、自ら学ぶ児童の育成に迫る。

1　低学年で育てたい読書の力

①　楽しみながら読む力

- 絵や話の展開に興味・関心をもち、昔話や民話を楽しんで読むことができる。
- 自分が知っているあらすじを手がかりに、自分の力で最後まで本を読むことができる。
- ブックトークや読み聞かせを聞いたり、自分で好きな絵本を読んだりしながら話のおもしろさを味わうことができる。

② 幅広く読む力
- 「おすすめの20冊」「みんなで読もう！この1冊」「ブックトークの活用」などを通して，子どもたちに幅広い読書の機会を与えることで，今まであまり読まなかったジャンルの本を読むことができるようにする。

③ 読書生活を豊かにする力
- 友だちの読書紹介を読む・聞くことにより，新たな興味・関心をもったり，自分の感じ方との違いに気付いたりして，自分の読みを深めることにつなげていく。

④ 読んだことを基に自分の考えを表現する力
- 自分が読んだ昔話や民話の中から，おすすめのお話を自分なりの方法で紹介することができる。

⑤ 一人学びからみんな学びへ広げられる力
- 自分の話を聞いてもらえたという実感，言葉が相手に受け止められたという確かな手応えを経験させ，多くの友だちとの学び合い，豊かなやり取りが生まれることを期待したい。

2 低学年の「読書の力」を高めるための工夫

① 本を自力で読み進める力を付けるために
- 本を自力で読み進める力を付けるために，アニマシオンの活動を取り入れ，想像力・語彙力を高める取り組みを行う。絵や言葉から色や音などをイメージすることを何度か積み重ねるうちに，児童はその学習を楽しみにするようになる。また，読書郵便やおすすめの本の宣伝カードの記録を残し，読書履歴を作る。
- 主体的な読書を進めていくための言語活動を充実させる。
【音読・朗読・群読・読書会（同じ本，同じ作者の本，同じテーマの本）・ブックトーク・読書へのアニマシオン，児童による本の紹介】
- 常日頃から，担任やブックボランティア，上級生による読み聞かせの場を設定し，児童一人ひとりが聞いて楽しんだり，イメージ豊かにお話の世界を思い描いたりすることができるようにする。

② 「好きなところ・おもしろいところ」等，いくつかの視点をもつために
- 自力で読み進めながら，視点に合わせて付箋紙を本に貼っていく。それをもとに読書交流会を開く。
- 授業の中で，音読・朗読を取り入れ，その上達のための読み取りや学習活動を充実する。

③ 読書に親しみ，生活を豊かにするために
- 教室内に読書コーナーを設けて，自分の好きな本を紹介するコーナーや本のクイズコーナーを作り，本に親しむ雰囲気作りを行う。
- 「読書月間」とタイアップして，国語の時間以外にも朝のモジュールや給食時等，日常

的に読書を行う。
- 親子読書への取り組みを行う。読書を生活の中に位置付けるためには，家庭や地域の協力が大切である。家庭での読み聞かせが親子にとって楽しいものであるためには，適切な選書をすることも大切である。家族でお話を共有することで心のつながりを深め，読書そのものを共有し合える時間が家庭生活の中に生み出されることを期待する。

3　主体的な読書を進めていくための読書活動の工夫

①　「おはなしカード」の作成
- 好きなところの文や絵を書き写して「おはなしカード」を作ることで，児童の学習意欲を高めるとともに，物語を主体的に読むことが期待できる。その後，他の物語を読む活動も設定し，それらを発表し伝え合うことで，読書の幅を広げていく。
- 「本の紹介活動Ⅰ」では，手引き「おはなしガイド」の中にいくつかの基本文型を用意し，その中から自分に合った話し方や書き方を選ぶことができるようにする。
「本の紹介活動Ⅱ」では，個々の興味・関心に応じるために，楽しみながら好きな本を紹介できるように支援する。

②　豊かな言語感覚をもたせるための工夫
- 低学年の段階では，表現方法自体わからないことがある。そのため，モデルを提示することにより，表現方法を獲得させる。また，自分の思いや考えを自分らしく言葉で表現することは難しい。実物の本の提示や身振り手振りも表現する手段として気付かせる。
- 生活の中で「豊かな言葉・豊かな表現」に出会う機会を多く取り入れる。(群読などのダイナミックな表現活動・言葉遊びの活用等言葉のおもしろさを体感できるようにする)

③　"共育"的な場を設定
- 円滑なコミュニケーションの基礎を築くために，「耳を傾けること」を大切にする。専門家の素話や担任の本の紹介や昔話クイズ，アニマシオンに耳を傾け，投げかけられた言葉に正面から向き合えるようにする。
- 仲間とのかかわりを豊かにする授業，個人の能力を全面的に認め合う授業を組み立てる。

Ⅱ 指導事例

1　読書感想文を書こう（1年）　　　　　　　　　　　　　　7月指導

○6月の読書月間で，教員によるブックバイキング，保護者による読み聞かせ，図書委員会による本の紹介，読書貯金などの体験を生かして，いろいろな本に親しんでおく。

1　目　標
○読書感想文の発表会を実施し，読んだ本の感想や紹介をし合って，楽しんで読書をしようとする。
○面白かった本から一番強く印象に残った本を選び，自分の思いや考えをまとめる。

2　学校司書と担任の連携ポイント
①公共図書館と連携を図り，1年生にとって親しみやすい本の選定と読書案内を行う。
②今までの読書履歴を活用して，個別に指導・支援をする。
③夏休み前に集中して感想文の書き方を指導する。
④7月の保護者会，学年便り等で学校図書館の開館日と公共図書館の案内を行い，家庭読書を推進する。
※日常的に本を手に取ることができるようにするために，公共図書館の集団貸出も含めてブックトラックを活用し，学級文庫を整備しておく。

3　学習の流れ　親子読書感想文「3時間扱い」
（○指導のポイント　●学校図書館利活用のポイント　☆交流のポイント　△指導形態・方法）

1　つかむ（1）
○読書感想文入選作品を紹介し，感想を伝えようとする意欲を高める。
・過去の感想文を紹介する。

○読書月間中に読んだ本の中で，強く印象に残った本や先生等からすすめられた本を読む。
●課題図書の読み聞かせを聞く。
●どの本で読書感想文を書くか決める。
・今まで読んだ本の中で一番感動した本を選ぶ。

2　調べる（1）
●学校図書館活用ノートに記入する。
○おもしろくてハラハラドキドキしたこと，感動して考えさせられたこと，よかったと思うところ，疑問に思ったところなどに付箋紙を付ける。（できたら付箋紙にメモを加える）

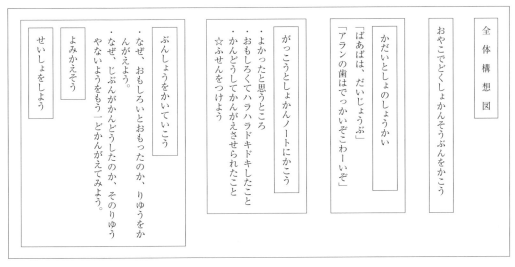

○その事柄を深める。
・なぜ，おもしろいと思ったのか，理由を考える。
・意外な筋の展開の仕方や人物像を考える。
・なぜ，自分が感動したのか，その理由や内容をもう一度考え直してみる。
※読み取る視点はワークシート等で示す。

3　まとめる・伝え合う（1）
○大体の見通しがついたら，文章化する。
・見えてきた事柄に，自分の考えや解説を入れていく。
・大切なのは，その本についてどう読んだか，どんなことを考えたか，どんなことを発見したか，どんな批判をもったかなどを1年生なりにくわしく書く。

△推敲する。
△清書する。

※7月の土曜公開授業でこの学習を保護者に届ける取り組みができるとよい。

4　指導資料

(1) 読書感想文の書き方

①まずは本選びから

・推薦図書を参考に，自分以外の人に「これ，おもしろいよ！」と伝えたいような本を選ぶ。

②読書メモを作る

・マーカーや付箋紙，メモの用意をして読む。グッと心を動かされるような場面，面白い・怖い・悲しいなどの感情が起こった場面には，その場で本にチェックしていく。

・マーカーで線を引けない時は付箋紙でページに印を付ける。その際，付箋紙に「ここでこう思った」などの感想を書き込んでおくと，後で感想文にそのまま使える。

・メモ用紙も用意して，どんなことでも感想文に書きたい，書けそうだと思ったことをメモ

しながら読み進める。本を読みながら，「わっ，ここおもしろい！」「感動！」と思った場面には印を付け，なぜそう思ったのかをメモする習慣を付ける。

③読み取る視点
 ア 自分と似ているところ，違うところ
 イ 面白い，思わず笑ったところ
 ウ かわいそうだと思ったところ
 エ おどろいたところ
 オ ふしぎだなとおもったところ
 カ 初めて知ったところ
 キ いいな，真似したいなというところ
 ク 登場人物の言うことや行動の中で，心に残った言葉や文

(2) 読書感想文の構成

☆読書感想文入選作品等を参考にする。

①構成を考えて書く
- 「その本と出会ったきっかけ」を書く。
- 分かりやすく簡潔に，「その本のあらすじ」を書く。どんな出来事があり，誰がどうした，という事柄の推移にとどめ，感想は書かないことがポイントである。
- 「読書メモ」を基に，単に「おもしろかった」ではなく，「どの部分が，なぜおもしろかったのか」を書く。自分や家族に結び付けて，その本の内容を考える。
- まとめの部分を書く。「その本を読んだ体験によって得たもの」を書く。その本を読んで自分がどのように変化したのか，これからの生活にその本を読んだ体験をどう生かすかを書く。

②書いたものを必ず読み直す
- テニヲハはおかしくないか。
- 主語・述語の関係がおかしくないか。
- まちがった漢字を使っていないか。
- 自分が伝えたいことが説得力をもって読み手に伝わるか。

(3) 書き出しの工夫

☆書き出しの3〜5行が極めて重要
- 自分の感想や体験から，書き始める。
- 本の中の強く心に残った言葉・文から書き出す。
- 本を選んだ理由・きっかけから書き始める。

(4) 指導のポイント

①題名を工夫する

「XXX（主人公）が教えてくれたこと」「○○○の本に出会って」などの書き表し方にすると，深く読んで書かれた感想文だという印象を与える。

②書き出しを工夫する

○なぜ，この本を選んだかの理由を書く。「○○という題名は何のことだろうとふしぎに思って手に取った」など。

○他の本との比較をする。「△△（作者）の本を読むのはこれで2冊目だが，1冊目より悲しい（愉快な，感動的な）話だった」など。

・最も自分が印象に残った文から書き始める。

③中心となる部分をふくらませていく

○あらすじを「簡単に」書く（書かなくてもよい）。

○あらすじばかりにならないために，シンプルに書く。
「いつ，だれが，どこで，何をして，どうなった」でまとめる。

○自分ならどうする，どんな場面で悲しい，楽しい気持ちになった，物語の結末についての感想などを書いていく。それに続けて最も肉付きの部分となる「なぜそう感じたのか」という理由を書くことが重要である。「このように思った，自分ならこうしただろう→なぜなら～だからである」という理由は読書感想文の最も大切な部分である。

④インパクトのある結びを書く

○「この本に出会って私は～と強く感じた」など，読み終わって感じたことを素直に書いて締めくくる。

読書感想文を書こう（1年） 　　　学校司書の教育的支援

1　目　標

○学校図書館の利活用を通して，読書感想文を書く学習の教育的支援を行う。

2　担任と学校司書の連携ポイント

①4月当初から，朝読書や図書の時間，読書月間（旬間）等に担任と学校司書が読み聞かせを行い，様々な本に出合わせる。

②司書教諭・担任と連携し，5月上旬までに学校図書館オリエンテーションを行う。本の取り扱い方や貸出・返却の仕方など，学校図書館の基本的な使い方を指導する。

③5月以降，図書の時間に課題図書を紹介し，学年で回覧する。

④読書月間（旬間）では，読書量を増やし，幅を広げるためにブックトークや読み聞かせ等を担任と連携して行う。

⑤読書感想文の書き方を指導する時期には，過去の入選作品や関連図書（できれば複本）を用意する。⇒入選作品を読み，どんな点がよいか話し合う。
⑥夏休みの図書館開館及びサマースクールで，選書の相談や個別指導をする。

3　学習の流れ（支援のポイント）

> 《準　備》
> 付箋紙（色別・大きさ別），学校図書館活用ノート，ワークシート，過去の課題図書など，ブックスタンド，過去の入選作品（配布用も）

①過去の読書感想文入選作品の本を読み聞かせ，簡単な感想を書かせて，交流する。
②その本の感想文（入選作品）を朗読し，感想文がどのようなものかを紹介する。
③土曜授業公開日や保護者会で，保護者に家庭での取り組み方を説明する。
　　・学校図書館活用ノート「読書感想文を書こう」の説明
　　・学校図書館の夏季特別開館日と公共図書館の案内

4　指導準備

	時　期	具体的な内容　　★学校司書が行う
指導開始	4月〜 4月下旬以降	朝読書等での担任による読み聞かせ ・少しずつ読書記録を書かせる。感想は◎△で 　学校図書館オリエンテーション
	4月下旬★ 5月中旬★	図書予算額確定後，発注★ 今年度の課題図書を紹介し，学年貸出★ 　　　　（教室で読める環境に）
集中指導	6月　読書月間	学年だより等で家庭読書推進
	7月	読書感想文への取り組み方を保護者に説明 ・土曜授業公開日または保護者会で行う。児童への書き方指導資料提示 ・全体指導 ・個別指導…必要に応じて図書選定
個別指導	9月	読書感想文の個別相談
提　出	10月中旬	審査
募集要項	低学年 800字以内 学年1点提出 （応募用紙添付）	3行目（＝本文）から数える。 1行目　題名 ⇒ 優秀作品を参考に工夫する 　　　　　　　×「○○」を読んで 2行目　校名・氏名

5　指導資料及び解説

(1) 課題図書

主催者がこの１年間で新たに出版された本の中から，感想文を書くのに適した本として指定した図書。低・中・高学年別にそれぞれ４冊選定。

(2) 読み聞かせ

①選書	普段の読み聞かせでは，明るい話やフォローできる話を選ぶ。⇒身内の死や身体障がいを扱った話は注意が必要（児童の境遇を鑑みる）。	
②立ち位置	◎本に集中できるようにすることが大切。 ◎座るときは，椅子を斜めにして腰かける。 ◎時々，聞き手に視線を送ると聞き手も安心する。	
③本の持ち方	・横書きの本は右手で持ち，左手でめくる（縦書きは逆）。 ・本の中央（のどの部分）下を水平・垂直に持つのが基本だが，中央下に絵や文字がある場合は工夫する。活字を追うあまり，自分の体で絵が隠れないように注意する。	
④始まりと終わり方	・表紙を見せ，書名を言う。絵本の始まりと雰囲気を伝える（扉のページでやや控えめにもう一度）。 ・内容に合わせた余韻を考え「おしまい」と言って，表紙と裏表紙を同時に見せる。	

6　ブックリスト…読書感想文コンクール入選作品（自由読書の部）・過去の課題図書

	NDC	書　名	著者名	出版社	発行年	あらすじ
感想文優秀作品※	483	ミミズのふしぎ	皆越ようせい 写真・文	ポプラ社	2004	題名「みみずのうんちはすごい」第63回（2017年） ほとんど知られていないミミズの生態とは。
	485	ダンゴムシの親子：まるちゃん，たびにでる	麻生かづこ 文 新開 孝 写真	旺文社	2007	題名「まるちゃん大すき」第62回（2016年） 「オカダンゴムシ」の親子の生態を紹介する。
	E	おへそのあな	長谷川義史 作	BL出版	2006	題名「おへそのあなからみえたもの」第62回「おへそ」の不思議。
	E	歯がぬけた	中川ひろたか 作 大島妙子 絵	PHP研究所	2002	題名「さみしいぼくの　は」第61回（2015年） 歯がぬけた喜びや歯にまつわるお話など。
	E	ちょっとだけ	瀧村有子 さく 鈴木永子 え	福音館書店	2007	題名「おねえちゃんは，ちょっとだけ」第60回（2014年） 弟ができて，ちょっとずつがんばる姉の姿を描く。

過去の課題図書	E	アランの歯はでっかいぞこわーいぞ	ジャーヴィス 作	BL出版	2016	ジャングルのみんなはワニのアランをこわがるけれど，アランには秘密が…。
	E	ばあばは，だいじょうぶ	楠 章子 作 いしいつとむ 絵	童心社	2016	大好きなばあばが，「わすれてしまう」病気になってしまい…。
	486	アリとくらすむし	島田たく 写真と文	ポプラ社	2015	アリと一緒に生きる虫たちを紹介する写真絵本。
	E	クレヨンからのおねがい！	ドリュー・デイウォルト 文 オリヴァー・ジェファーズ 絵	ほるぷ出版	2014	クレヨンの箱にある手紙の束。差出人は，12色のクレヨンたち。切実な告白とは…。
	E	まよなかのたんじょうかい	西本鶏介 作 渡辺有一 絵	鈴木出版	2013	誕生日に，タクシー運転手の母が帰ってこない。祖母と帰りを待つ，女の子の話。
	E	メガネをかけたら	くすのき しげのり 作 たるいし まこ 絵	小学館	2012	メガネなんてかけたくないと思っている女の子。学校に行ってみると…。
	E	わたしのいちばんあのこの1ばん	アリソン・ウォルチ 作 パトリス・バートン 絵	ポプラ社	2012	1等賞だけが「いちばん」ではないことを伝える絵本。
	E	ミリーのすてきなぼうし	きたむら さとし 作	BL出版	2009	ミリーだけのとびきり特別な帽子とは…。
	E	おこだでませんように	くすのき しげのり 作 石井聖岳 絵	小学館	2008	家でも学校でもいつも怒られる男の子。どうしたら，怒らずに褒めてもらえるのか。

※読書感想文優秀作品は，『考える読書—青少年読書感想文全国コンクール入賞作品集— 第○回』（毎日新聞出版）として，毎年4月に出版される。
※過去の読書感想文の入賞者や課題図書リストは，全国学校図書館協議会のホームページから確認できる。

2 調べる学習にチャレンジしよう（1年）　　6・7月指導（家庭との連携）

○身近な生活の中で興味・関心をもったことから学習問題を作り，問題解決に取り組む。

1 目　標
○調べる事柄を確かめ，自ら進んで学ぼうとする。
○自分のテーマを追究する仕方を知り，調べていくことによって，よく考え，言葉を選び，自分の思いや考えをまとめる。

2 学校司書と担任の連携ポイント
①学校図書館，公共図書館，諸機関とのネットワークを生かし，本（図書館資料）を準備する（司書教諭と連携・協力し調べる学習の活性化を図る）。
②ブックトーク，レファレンス，パソコンの操作等を支援援助する。
③学習課題を絞り込むためのツール等を事前に準備するとともに，図書館資料を準備し活用の仕方について分担して指導できるよう打ち合わせる。
④わかったカード等への記入の仕方，整理の仕方などについて，学習の流れに即し分担して指導する。
⑤「図書館を使った調べる学習コンクール」入選作品を複数準備し，必要に応じて参照させ，興味・関心をもたせるよう指導する。

---

①テーマをきめよう
▼みじかなぎもんやふしぎにおもうこと，きょうみがあることなど
▼「どうしてかな？」とぎもんのかたちでかんがえよう
▼よそうをしてみよう
②としょかんでしらべよう
▼インタビューする
▼としょのせんせいにきく
③もっとしらべよう
▼メモをとろう
▼じっけん，かんさつしよう
▼はくぶつかん・どうぶつえん・しりょうかんにいこう
▼ひとのはなしもきいてみよう
④かいてまとめよう
▼もくじをつくろう
▼せつめいしやすいように，かきだしたメモをならべかえてみよう。よむ人にわかりやすいくみたてをめざそう
⑤しらべてわかったことについて，じぶんがおもったこと，かんがえたことをじぶんのことばでかいてみよう
⑥タイトルをつけよう
じぶんのテーマがつたわるようなタイトルをかんがえよう。デザインやみせかたをくふうして，たのしいひょうしをつくろう

しらべるがくしゅう
7つのミッション
(1)ふしぎをみつけよう
(2)かいけつほうほうをかんがえよう
(3)そのままカードにかこう
(4)まとめカードをかこう
(5)かんそうカードをかこう
(6)タイトルをつけよう
(7)まとめかたをくふうしよう

しらべるがくしゅうにちょうせんしよう

全体構想図

3　学習の流れ　親子調べる学習「2時間扱い」
（○指導のポイント　●学校図書館利活用のポイント　☆交流のポイント　△指導形態・方法）

1　つかむ
○しらべるがくしゅう『7つのミッション』について知る。
　①ふしぎをみつけよう。
　②かいけつほうほうをかんがえよう。
　③そのままカードにかこう。
　④まとめカードをかこう。
　⑤かんそうカードをかこう。
　⑥タイトルをつけよう。
　⑦まとめかたをくふうしよう。

○疑問に思ったこと，詳しく知りたいことをできるだけ多く書き出す。

●気付いたこと，知りたいことを広げる。
・太陽チャート
・「なぜ，～なのか」と疑問文で書く。
○調べる計画を作る。

2　調べる（1）
・テーマをきめよう。
▼「どうしてかな」と，ぎもんのかたちでかんがえてみよう。
▼よそうしてみよう。
・としょかんでしらべよう。
▼○○先生にきいてみよう。
▼たくさんのほんにあたろう。
○テーマに応じた図書館資料から2～3冊選び，読みながら大切なところに付箋紙を貼る。
●大切なところを，カードに書き抜く。
●絵・図・写真などからも分かることがないか，考える。
●カード1枚に1つだけ記入する。
●情報カード・まとめカードを準備する。
・もっとしらべよう。
▼じっけんしよう，かんさつしよう。
▼はくぶつかん・どうぶつえん・しりょうかんにいこう。
▼ひとのはなしもきいてみよう。

3　まとめる（1）
・かいてまとめよう。
○調べてきたこと，分かったこと（見学も含めて）から結論を書き出す。
●書きやすいように，ワークシートを準備し，それに記入する。
▼もくじをつくろう。
▼かきだしたメモをならべかえてみよう。
▼よむ人にわかりやすいくみたてをめざそう。
・しらべてわかったことについて，じぶんがおもったこと，かんがえたことをじぶんのことばでかいてみよう。

・タイトルをつけよう。
　じぶんのテーマがつたわるようなタイトルをかんがえよう。デザインやみせかたをくふうして，ひょうしをつくろう。

☆完成した作品は，掲示したりして交流できるようにする。

※6～7月の公開授業等で，親子が一緒に調べる学習を行う取り組みができるとよい。

4　指導資料

(1) 調べる学習の進め方

①テーマを決めよう

②調べよう
　ア　本で調べる
　イ　インターネットで調べる
　ウ　新聞で調べる
　エ　その他で調べる

③わかったことをまとめよう
　ア　調べたきっかけ
　イ　調べたこと
　ウ　まとめ・感想
　エ　参考文献
　オ　表紙を作る
　カ　もくじを入れる
　キ　応募カードを貼ろう

○小さい付箋紙は色別に活用させる。
　（色の約束を決めておく）
　　赤……疑問・調べたい点への答え
　　黄……事実となる点・事例
　　青……疑問・調べたいこと　等
　　　※一言，書き入れてもよい。

○少し大きい付箋紙
　・一言感想，メモ，小見出し等記入。
　　（色別に使ってもよい）

○大きな付箋紙
　・付箋紙のまとまりの見出しに使う。
　　（まとまりごとに使う）

☆付箋紙は，順序やまとまりを考えて並べたり，構成の工夫のために使う。
　（情報の整理）
☆話し合いやしらべたことをまとめる。
● まとめ，整理する場合に，模造紙等台紙が必要になる。

(2) 調べる学習のポイント

①テーマを決める

ア　絞り込むツール　（図①）

うさぎの耳はなぜ長いのか？

・円を使いテーマを絞りこむ。動物（大テーマ）→うさぎ（中テーマ）→耳（小テーマ）とだんだんと絞り込んでいく。

イ　広げるツール（図②）

・中央に調べたいテーマを単語で書く。その後，中央から広げていく。広げる時はうさぎの鼻，うさぎの耳，うさぎのしっぽなど，「○○の？」とインタビューしていくようにする。

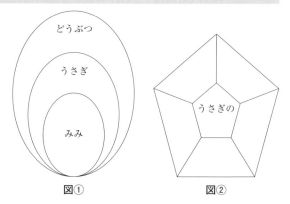

・さらに，5W1H「いつ（When），どこで（Where），だれが（Who），なにを（What），なぜ（Why），どのように（How）」の言葉を使ってテーマを文章にしていく。

ウ　テーマを決めるときの注意事項

・調べずに分かるものは，テーマにしない。
・低学年相当でないものは，テーマにしない。

②調べる

・学校図書館を上手に利用する。探している資料が見つからない場合は，学校司書に相談する。
・本の丸写しはしない。テーマに関する情報を集めたら，それをよく読みこんで自分の頭でいろいろ考える。
・いくつかの資料を比較し，「どうしてそうなるのか」その理由や背景を考えてみる。
・新たな疑問や発見を大切にする。
　考えていくなかで，分からないことが出てきたらそのままにしないで，さらに調べて疑問を一つずつ解決していく。
・著作権を守る。
・「引用」するときのルールを知る。

③分かったことをまとめる

ア　きっかけと予想を書く

・なぜ，そのテーマを選んだのか，きっかけを書く。
　また，調べる前に答えがどうなるか考えたこと（＝予想）も書く。
イ　調べたこと
・調べた方法と，調べて分かったことを書く。いくつかの項目に分けて書く。目次を書くときの見出しになる。
・文章だけでなく，イラストや写真，グラフや表なども入れる。
・新しい紙にページ数を書き足していく。
ウ　まとめ・感想
・自分の予想と比べてどうだったかなど，まとめで自分が知りたかったことの答えを書く。
・「感想」は，調べてみて自分が思ったこと，考えたことを書く。
エ　参考文献
・参考文献や調べるために使った本やサイトを書く。
　「使った本の名前，本を書いた人の名前，本を作った会社の名前，本を作った年，　〇ページ」
オ　表紙を作る
・上に自分が何を知りたかったのかが，読む人に伝わるタイトルを書き，下に自分の名前を書く。
・空いたスペースにイラストや写真を入れ，見やすくする。他の人が読んでみたいと思うような楽しいタイトルを考える。

3　調べる学習にチャレンジしよう（1年）　　　　　　　　7月指導

単元名　えをみながらよもう「しっぽしっぽ」
　○身近な生活の中で興味・関心をもったことから学習問題を作り，問題解決に取り組む。

1　目　標
○動物のしっぽのはたらきに興味をもち，他の動物のしっぽのはたらきについても進んで調べようとする。
○動物のしっぽの種類やそのはたらきの特徴を説明する文を書く。

2　学校司書と担任の連携ポイント
①本教材を学習した後に，自分の『しっぽしっぽ』を作り，発表する活動につなげるために，動物のしっぽに関連する本を準備する。
②夏休みの「調べる学習」の宿題につなげるために，動物の『目』『鼻』『耳』『口』『手・足』についても本を準備する。公立図書館や近隣小学校にも声をかけ，児童一人ひとりに本がいきわたるように収集しておく。
③児童の個別のテーマ・課題が決まったら，学校司書にすぐ知らせ，個別の課題に対応できるようにする。収集した本を教室に運び，児童がいつでも手にとって本を読めるようにしておく。
④土曜日授業公開日の「親子調べる学習」の時間に学校司書と一緒に，授業支援をする。

3　学習の流れ「2時間扱い」
（○指導のポイント　●学校図書館利活用のポイント　☆交流のポイント　△指導形態・方法）

1　つかむ ○動物について知りたいことを見つける。 　（テーマの決定） ○動物の体の特徴について調べたいことをフラワーチャートに書き込む。（課題の設定）
2　調べる（1） ●図鑑の使い方，目次の使い方，索引の使い方を学ぶ。 ●学校司書が準備した本の中から，自分で本を選び，調べる。 ○「しらべるがくしゅう7つのミッション」で調べる方法を知る。
3　まとめる（1） ○そのままカードに書き出す。 ○まとめ方について学ぶ。 ○調べたことをまとめる。 ☆まとめと発表の仕方を関連させる。

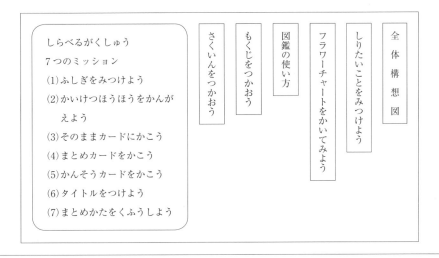

紹介する本

『どうぶつのしっぽ』『どうぶつの目』『どうぶつの耳』『どうぶつの鼻』『どうぶつの手と足』
　　増井光子監修　　ネイチャー・プロ編集室編著　偕成社　2010 年

『しっぽのはたらき』川田健文　藪内正幸絵　今泉吉典監修　福音館書店　1969 年

調べる学習にチャレンジしよう（1 年）　　　　　　学校司書の教育的支援

1　目　標
　○学校図書館の利活用を通して，調べる学習の教育的支援を行う。

2　担任と学校司書の連携ポイント
①5月下旬に，司書教諭を中心に校内研修を行い，指導方法の共有化を図る。

②読書月間（旬間）からは，国語科や生活科の単元に関連した本を紹介し，多様な知識に触れさせる読書活動を進める。

③調べる学習コンクールへの取り組み方を指導する時期には，過去の入選作品を各学年の廊下に展示する。⇒入選作品を読み，どんな点がよいか話し合う。

④生き物・食べ物，テレビや教科書，家族や友人との話から，調べたいテーマを見付けさせる。思考ツールを使って，テーマを絞り込むよう指導する。

⑤夏休みの図書館開館及びサマースクールで，選書の相談や個別指導を行い，進行の状況を把握する。

3 学習の流れ（支援のポイント）

《準　備》
付箋紙（色別・大きさ別），学校図書館活用ノート，ワークシート，
記録カード（そのままカードやわかったカード等），過去の入選作品

①4月，区代表作品の借用時期を図書館部で検討し，学校図書館支援室に借用の申請をする。
　（借用期間は約2週間）
②図書館振興財団（主催者）に前年度全国コンクール入選作品の利用申請書を提出する。（複製作品が宅配便で届く。終了届を提出するまで借用可。）

教科・単元と関連した指導・支援

月	教科	教材名	◆学習目標・学習活動
5月	生活	たねをまこう　せわをしよう	◆継続的に植物の世話をしたり観察したりして，植物の変化や成長の様子に気付く。 ・観察カード
6月	生活	たんけんでみつけたことをはなそう	◆探検して見付けたことを友だちと伝え合う。
7月	国語	しっぽしっぽ　読む	◆動物のしっぽの種類や働きに興味を持ち，内容の大体を理解する。 ・3点の写真（カンガルー・ビーバー，牛）を見て，しっぽの役目について本で調べる。

4 指導準備

	時期	具体的な内容　　★学校司書が行う
	5月下旬	司書教諭が中心となり，教員向け校内研修会
指導開始 集中指導	6月　読書月間	各教科等に関連付けたブックトークや読み聞かせを行う。
	6月または7月	調べ学習への取り組み方を保護者に説明 ・土曜授業公開日または保護者会でこのときに親子チャレンジ講座を実施
	保護者会または個人面談の週に★	入選作品を学校図書館に展示★ 全国コンクール及び自校入選作品★
	7月上旬	この時期に調べるテーマを決めておく。 児童に調べ方やまとめ方を指導する。 ・全体指導
提　出	9月末	応募先

募集要項	最大B4判 50ページ以内 （目次・参考文献リストの頁は含まない） ◎使用した図書館資料名と図書館名を明記 （応募用紙添付）	◎調べる目的，方法，過程などをきちんと示しているか。 ・「なぜ調べたいと思ったのか」を明確に。 ・グラフ，絵・図，写真等で視覚に訴える。重要な所は文字の色・大きさを変える。 ◎資料・情報を基に，自分の考えをまとめているか。「調べた結果，何が分かったのか」 ◎複数の資料・情報を活用しているか。

5　指導資料及び解説

フィールドワーク

　現地調査。テーマに即した場所を実際に訪れ，その対象を直接観察し，関係者にはインタビューやアンケート調査を行い，現地での資料の採取を行うなど，客観的な成果を挙げるための調査方法。

　①まず，予想を立てる。
　②複数の本を読んで調べる。
　③自分の目で確かめる。（実験・観察または博物館などの施設見学）
　　読んで調べた情報が本当かどうかを自分の目で確かめる。
　④地域の人々や専門家に話を聞く。
　◎調べる学習では「考察」が重要。本から得た情報に留めず，多角的に調べる。

6　ブックリスト

ここでは，担任が指導する上で参考となる図書館資料を記す。

NDC	書名	著者名	出版社	発行年	内容
15	本で調べてほうこくしよう	赤木かん子	ポプラ社	2011	本で調べて報告するやり方を紹介。左ページに説明，右ページにコピーして使えるワークを収録。
15	図書館のトリセツ	福本友美子，江口絵里	講談社	2013	本の探し方から，調べ学習や自由研究での図書館の利用法まで，図書館を使いこなす方法を児童向けに解説。
17	なんでも「学べる学校図書館」をつくるブックカタログ＆データ集	片岡則夫	少年写真新聞社	2013	中学生に人気の50テーマに絞り，具体的な学習内容のチャートと解説が付いた本。中・高学年向きの本もある。
375	調べ学習の基礎の基礎　改訂版	赤木かん子	ポプラ社	2011	本のしくみ，百科事典の引き方，図書館のしくみなどを児童向けに解説。
375	りかぼん　授業で使える理科の本	りかぼん編集委員会　編著　北原和夫　他　監修	少年写真新聞社	2012	小学校の理科の授業（単元ごとの学習内容）や調べる学習で活用することを主眼に学習展開に沿った本を選出。低学年向けの本もある。

375	すぐ実践できる情報スキル50	塩谷京子	ミネルヴァ書房	2016	学校図書館を利活用することを通して育成される情報スキルを、学習指導要領と教科書から抜き出し、50の情報スキルとして整理。それぞれの内容と指導方法を解説。
407	かがくが好きになる絵本100	科学の本の読み聞かせの会「ほんとほんと」	幻冬舎	2015	テーマごとに、絵本の内容と関連する実験・工作などを紹介。また、本の内容から連想される言葉がウェビングマップで示される。絵本は低・中学年向きの本を紹介。

図書館を使った調べる学習コンクール入選作品

	作品タイトル	内容
コンクール入選作品	かもつれっ車のたび どこからきて、どこへいくの？（2017年 文部科学大臣賞受賞）	近所にある線路に電車が入っていないのではと思って調べ始め、それが貨物列車の線路だと突き止める。貨物列車の歴史や役割、物流の仕組み、地球環境への取り組みまでを考察。
	ぼくはカナヘビをかってみた（2017年）	キャンプ場で捕まえたカナヘビを長生きさせたい一心で、カナヘビの種類、体の特徴、生態など、仮説をたてて細かく調べた。約4ヵ月間の飼育記録。
	なんでしみるの せっけんのなぞ（2017年）	ボディーソープは自分の肌にしみるのに、固形石鹸はなぜしみないのか？しみる原因を予想し、石鹸の作り方や成分を本で調べ、様々な種類に分類して考察。
	ラッパーかずま たんじょう（2016年）	テレビで見たラップに憧れ、かっこいいラッパーになるために調べる学習を始めた。音楽大学で借りた本や韻を踏んだ絵本を読み、ダジャレも集めて最後には、立派なリリックを完成させた。
	カイコマンション へようこそ（2015年 文部科学大臣賞受賞）	糸を吐いてマユを作る不思議な生き物がいることを聞き、驚く。そこで、実際にカイコを育てながら、その不思議を調べることにした。

※図書館を使った調べる学習コンクール入選作品は、「3学習の流れ（支援のポイント）」参照のこと。

4　手紙文を書こう（1年）　　　　　　　　　　　　　　　　　　　　9月指導

○1学期の読書月間で読んだ絵本を振り返り，自分の好きな絵本を選び，手紙を書くことによって，多様な絵本に親しめるようにする。

1　目　標
○教師や保護者による絵本の読み聞かせや親子読書，絵本交流会などを実施し，読んだ絵本の感想を紹介し合うことで，いろいろな絵本を読もうとする。
○自分が読んだ絵本の感想，人に伝えたい絵本の感動，読み聞かせ体験，絵本に関する幅広い内容等を，手紙の形式で書く。

2　学校司書と担任の連携ポイント
①学校司書と連携し，本を準備する。
②今までの読書履歴を活用して，個別に指導・支援を行う。
③夏休み前に行った感想文の書き方指導を参考にする。
④過去の入選作品を紹介する。

3　学習の流れ　「4時間扱い」
（○指導のポイント　●学校図書館利活用のポイント　☆交流のポイント　△指導形態・方法）

1　つかむ（1）
○学校司書が準備した本の読み聞かせをする。
●今までの入選作品の紹介を聞く。
○絵本の感想を伝えるために手紙を書くことを知る。
●絵本に着目させる。
　どの絵本が好きか振り返る。
・今まで読んだ絵本の中で一番感動した絵本は何か。
●迷う児童には，担任と学校司書が個別支援を行う。
※児童の読書履歴を把握しておく。

2　調べる（1）
●「どうしてその絵本を選んだのか」（その絵本との出会いのエピソード）「一番心に残ったこと（場面・主人公の言動など）」「絵本を読む前と後で，自分の中で変わったところ」を考えさせる。
☆感動した絵本について友達と交流する。
・おもしろくてハラハラドキドキしたことや感動して考えさせられたこと，よかったと思うところなど，3つ挙げる。
○その事柄を深めていく。
・なぜ，おもしろいと思ったのか，理由を考える。
・意外な物語の展開，登場する人物を考える。
・感動した理由や内容をもとに考えを深める。

```
┌─────────────────────────────────────────────────────────────┐
│  ┌──────────┐ ┌──────────────┐ ┌──────────────────┐ ┌────┐  │
│  │○ ○ ○     │ │● ● ・ ・      │ │・ ・ ・ ・        │ │全  │  │
│  │せ よ て   │ │な ど か お     │ │つ よ と じ え    │ │体  │  │
│  │い み が   │ │ぜ う ん よ    │ │た み も ぶ ほ    │ │構  │  │
│  │し か がを  │ │ 、し どかっ    │ │え き だ ん の    │ │想  │  │
│  │ょ えを    │ │ お て う た    │ │た か ち の よ    │ │図  │  │
│  │う そ か   │ │ も そし と     │ │い せ に え み    │ │    │  │
│  │  う こ   │ │ し のて 思      │ │こ ・ つ ほ き    │ │す  │  │
│  │     う   │ │ ろ 本か う     │ │と お た ん か    │ │き  │  │
│  │          │ │ い をん と     │ │を や え の せ    │ │な  │  │
│  │えほんのよみ│ │ と えど こ     │ │て こ た か ・    │ │本  │  │
│  │きかせ    │ │ 思 らうろ      │ │が ど い ん お    │ │を  │  │
│  │          │ │ っ んし        │ │み く え そ て    │ │え  │  │
│  │          │ │ た だた        │ │に し ほ う がみ  │ │ら  │  │
│  │          │ │ のの            │ │し ょ ん         │ │び  │  │
│  │          │ │ かか            │ │よ た のか       │ │・  │  │
│  │          │ │                │ │う い か ん     │ │お  │  │
│  │          │ │                │ │   け んそ       │ │て  │  │
│  │          │ │                │ │   ん そ う      │ │がみ │  │
│  │          │ │                │ │   な う         │ │を  │  │
│  │          │ │                │ │   ど            │ │か  │  │
│  │          │ │                │ │                 │ │こう │  │
│  └──────────┘ └──────────────┘ └──────────────────┘ └────┘  │
└─────────────────────────────────────────────────────────────┘
```

○手紙形式のワークシートに記入する。
※「つなぎ言葉」を入れるとよいことに気付かせる。
※段落に注意させる。

2 まとめる・伝え合う（2）
○手紙の書き方（文章の書き方）について知る。
・過去の入選作品を読み，手紙の形式で書くことを確かめる。

△だいたいの見通しがついたら，文章化する。
・大切なのは，その絵本について「どう読んだか」「どんなことを考えたか」「どんなことを発見したか」などをくわしく書くこと。

○推敲する。
●書き終えた後で，再度読み返し，加除訂正させる。特に，書き出し部分と終わりの部分について工夫させる。
※推敲の段階で，再度絵本を読み返させる。

○清書する。

4 指導資料

(1) 手紙の書き方の指導

①手紙を書くときの心構えを知る。
　ア　気持ちが伝わるように心をこめて書く。
　イ　伝えたいことをはっきりと分かりやすく書く。
　ウ　分かりやすく丁寧な字で書く。

エ　書き終わったら，読み返して直す。
②手紙の形式
手紙文は，相手に何らかの用件を伝えるために書かれた文章である。
〈よい手紙文の3条件〉
　　ア　簡潔・明瞭で，正確に伝える。
　　イ　相手・時・場合を考え，礼儀を失しない。
　　ウ　丁寧な文字で，心のこもった温かい表現にする。
③1学年の指導
◆書きやすい場や条件を作る。
　相手意識をはっきりもたせて書かせることで，より温かい関係をつくり，書く意欲を育てる。相手意識・目的意識（用件等）の条件を押さえ，細かいことは言わないで，のびのびと書かせる。
・順序を考え，一番知らせたいことをくわしく書く。
・順序を表す言葉の働きや使い方を知り，それらを使って順序よく書く。

(2) 手紙構成ワークシートの視点
①題名を工夫する。
○「XXX（主人公）が教えてくれたこと」
○「○○○の本に出会って」
②書き出しを工夫する。
○最も自分が印象に残った文から書き始める。
○この本を選んだ理由を書く。
　「○○という題名は何のことだろうと不思議に思って手に取った」など。
○他の本との比較を用いる。
③中心となる部分を書く。
○あらすじばかりにならないために，シンプルに「いつ，だれが，どこで，何をして，どうなったか」をまとめる。
○悲しい場面，楽しい気持ちになったところ，物語の結末についての感想，自分ならどうする，などをまとめて書いていく。「なぜそう感じたのか」という理由を書くことも重要である。
○内容に自分の体験した出来事を照らし合わせて感想を述べるのが効果的である。
○「このように思った，自分ならこうしただろう→なぜなら～だからである」という理由の部分は，最も大切なのでしっかり書かせる。
○「～なのでこう感じた・思った・考えた」の感想と，その理由部分が多いほど中味の濃い手紙文が作れる。
④結びを書く。
○読み終わって感じたことを素直に書いて締めくくる。

(3) 紹介する絵本についての視点（読書の幅を広げる）

○1年生の学習との関連を図る。

○教科書の本の紹介やブックリスト等で紹介されている絵本を大切にする。

(4) 指導のポイント

①本を選ぶ

○大切なのは自分が読みたいと思う本，そして興味や能力にあった本を選ぶことである。

○共感，感動，気付きなど，自分の心を動かされる内容の絵本を選ばせる。

②書き出しの工夫の視点

○わたしがこの絵本を選んだ理由は，「　　」というタイトルがおもしろかったからです。

○ぼくは，「　　」という絵本を読みました。アフリカの男の子のお話です。」

○ぼくは「　　」という絵本を読みましたが，聞いてほしいことがあります。それは～

③マーカー，付箋紙，メモ用紙を用意して読む。

○グッと心を動かされるような場面，面白い・怖い・悲しいなどの感情が起こった場面には，その場で本にチェックしていく。

○マーカーで線を引けない時は付箋紙でページに印を付ける。その際，付箋紙に「ここでこう思った」などの感想を書き込んでおく。

○メモ用紙も用意して，どんなことでも感想文に書きたい，書けそうだと思ったことをメモしながら読み進める。

手紙文を書こう（1年）　　　　　　　　　　学校司書の教育的支援

1　目　標

○学校図書館の利活用を通して，手紙文を書く学習の教育的支援を行う。

2　担任と学校司書の連携ポイント

①4月当初から，朝読書や図書の時間，読書月間（旬間）等に担任と学校司書が読み聞かせを行い，様々な本に出合うことができるよう計画する。

②読書月間（旬間）では，読書量を増やし，幅を広げるためにブックトークや読み聞かせ等を担任と連携して行う。

③少しずつ読書記録を習慣付け，一言感想が書けるように指導する。

　今まで読んだ絵本の中で，一番感動した本は何かを紹介できるようにする。

④手紙文の書き方に関連する図書館資料を用意する。

3 学習の流れ（支援のポイント）

> 《準備》
> 付箋紙（色別・大きさ別），
> 過去の入選作品（配布用も），対象本

①学校司書が絵本を読み聞かせする。
②過去の入選作品と対象となった本を紹介する。

教科・単元と関連した指導・支援

月	教科	教材名	◆学習目標・学習活動
5月	国語	わたしのすきなもの 話す	◆自分の好きなものについて話題を決め，分かりやすく伝える。 ・ペアでの対話（友だち・先生） ・グループでの発表
6月	国語	かいてつたえよう 書く	◆楽しかったことや見付けたことを手紙に書いて，友だちや先生や家族などに伝える。
7月	国語	は　へ　を 書く	◆助詞を適切に使う。 ・簡単な絵手紙（はがき）を書く。 ⇒『どうぞのいす』や『しっぽしっぽ』の登場人物に宛てて，絵手紙を書かせる。

4 指導準備

	時期	具体的な内容
指導開始	6月　読書月間	朝読書等で担任による読み聞かせ 読書記録を習慣付ける。
集中指導	7月 　　または 9月	児童への書き方指導資料提示 ・手紙形式で文章作成の練習をする。 ・読書履歴を活用し，指導に役立てる。
提　出	9月末	
募集要項	◎「絵本」に限定 ◎手紙形式 400〜800字 各頁に氏名と頁番号を書く。 （応募用紙添付）	◎絵本のどういうところに感動したり面白く感じたりしたのか，それが自分の心や生活にどのような意味をもったり，影響を受けたりしたのかが，分かりやすく表現されていること。

5　指導資料及び解説

ブックトーク

（各教科の）1つの単元の導入または発展時に，単元と関連するテーマに沿って，数冊の本を順序よく紹介すること。

①紹介する順番や，紹介する方法（クイズ形式，読み聞かせ等）を決める。⇒所要時間と紹介する冊数を考慮

②ブックスタンド，配布プリント（紹介する本のリスト）等 使うものを用意する。

③紹介する本は，数冊ずつ用意し，児童が手に取りやすくする。

④絵を見せるページや部分読みするページに，予め付箋紙を貼っておく。

⑤紹介する本は直前まで見せない。紹介した順番に，ブックスタンドに並べる。

6　ブックリスト（手紙文が出てくる絵本）

	書　名	著者名	出版社	発行年	あらすじ
E	あかいぼうしのゆうびんやさん	ルース・エインズワース さく こうもとさちこ やく・え	福音館書店	2011	手紙のやりとりがしたい動物たちは，手紙を運ぶゆうびんやさんを選ぶことに。
E	くまくんのおともだち	E.H. ミナリック ぶん モーリス・センダック 絵 まつおかきょうこ やく	福音館書店	1973	仲良くなった友だちと別れることになったくまくんは，手紙を書こうと一所懸命に字を覚えて書こうとする。
E	ぐりとぐらのかいすいよく	中川李枝子 文 山脇百合子 絵	福音館書店	1977	波打ち際で拾ったビンの中には，手紙が入っていた。その手紙を読んだぐりとぐらは…。
E	ジョンくんのてがみ	新川智子 作 市居みか 絵	童心社	2016	ジョンくんは，おばあちゃんに手紙を書きました。どんぐりと，木の葉と，玉ねぎの皮に。きちんと，届くかな？
E	ともだちのやくそく	中川ひろたか さく ひろかわさえこ え	アリス館	2018	別々の学校に行ったせいで，なかなか会えないカイは，ウーに手紙を書くことに…。
E	とん ことり	筒井頼子 作 林　明子 絵	福音館書店	1989	引っ越してきたばかりの女の子のもとに「とん ことり」という音とともに不思議な郵便が届くようになる。
E	ねずみくんとおてがみ	なかえよしを 作 上野紀子 絵	ポプラ社	2004	ふしぎな手紙をもらったねずみくんとなかまたちは，みんなで返事を出すことにしたのですが…。
E	ピーターのてがみ	エズラ＝ジャック＝キーツ さく	偕成社	1976	誕生会に仲良しの女の子を招待しようと，初めて手紙を書いたピーターだったが…。
E	もりのてがみ	片山令子 さく 片山　健 え	福音館書店	2006	寒い冬の日，ひろこさんは森のともだちに「すみれのはなが　さいたらあいましょう」と手紙を書きました。
E	もりのひなまつり	こいでやすこ さく	福音館書店	2000	のねずみ子ども会からの手紙を受けとった，ねずみばあちゃんは…。
E	ゆうびんやさん，おねがいね	サンドラ・ホーニング 作 バレリー・ゴルバチョフ 絵	徳間書店	2007	おばあちゃんが喜ぶプレゼントを思いついたコブタくんは，お母さんと郵便局にでかける。
E	花いっぱいになあれ	松谷みよ子 さく 司　修 え	大日本図書	1982	花をいっぱい咲かせたい学校のこどもたちが，風船に花の種と手紙をつけて，風船を飛ばしました。

5 小論文を書こう（1年） 　　　　　　　　　9月指導

○夏休みに書いてきた読書感想文発表会を実施し，読んだ本の感想を紹介し合い，自分の考えを深められるようにしておく。

1 目　標
○学習や生活の中で感じたこと，考えたことを深めようとする。
○自分が分かったこと，感じたこと，考えたことを順序に気を付けて書く。

2 学校司書と担任の連携ポイント
①小論文で題材とする本の選定をする。
・過去の入選作品で取り上げられていた本を参考に選定し紹介する。
・学校司書と事前に連携して，個に応じた適切な図書館資料の提供ができるようにする。
・児童の実態に合い，興味・関心をもちやすい本の選定を行う。
②過去の入選作品集を図書館資料として活用することで，児童が小論文を書こうとする意欲を高めるようにする。
③読書月間で，読書量を増やし読書の幅を広げるために，学校司書との連携を深める。また，これまでの読書履歴を調べ，個別指導に活用する。
※日常的に本を手に取ることができるようにするために，公共図書館の集団貸出も含めてブックトラック等を活用して学級文庫を整備しておく。

3 学習の流れ「5時間扱い」
（○指導のポイント　●学校図書館利活用のポイント　☆交流のポイント　△指導形態・方法）

1　つかむ（1）
○小論文コンクールの入選作品を読み，学習の見通しをもつ。
・題名や書き方の工夫，考えをまとめるための視点などに気付かせる。
・付箋紙の活用やメモについて知る。
●どの本で小論文を書くか決める。
・今まで読んだ本の中で一番感動した本を選ぶ。
・『はなちゃんのみそしる』を読み聞かせする。
○題名は，自分の感想の中心が分かるように表現させる。「～を読んで」にしないようにする。

2　調べる（2）
●組み立てメモをつくる。
　（学校図書館活用ノートの活用）
・おもしろくてハラハラドキドキしたこと，感動して考えさせられたこと，よかったと思うところを3つ挙げる。
○その事柄を深めていく。

・なぜ，自分が感動したのか，その理由や内容をもう一度考え直す。組み立てメモをもとに順序に沿って簡単な構成に気を付けて書く。
● ワークシート・カードを準備する。
● カードの記入は，長い文章にしない。
● 全てのカードを並べて，書く順番を決める。

3　まとめる・伝え合う（2）
○段落の構成，順序，文と文をつなぐ言葉等を指導する。
○「ぼくは〜」「わたしは〜」「この本を読んで〜」などを書き出しに使わないようにする。
○分かったことや結論から書き始めるとよいことなどに気付くようにする。
△自分の考えや解説を入れる。大切なのは，その本について「どう読んだか」「どんなことを考えたか」「どんなことを発見したか」「どんな批判をもったか」などをくわしく書くこと。
○推敲する。
・一文が長い場合は，2〜3に分けるとよいことに気付かせる。（助言する）
○清書する。
● 小論文の題名を工夫する。（考えの中心を伝える）
☆書き上げた小論文を紹介し合う。

4　指導資料

（1）小論文の書き方

①読み手と自分のもっている情報が違うことを意識する。

②5W1Hを意識する。

　読み手に伝わりやすく必要な情報を漏れなく伝えるために，5W1Hを意識する。

- WHO（誰）→「誰が（誰と，誰に対して）したのか」など
- WHERE（どこ）→「どこでしたのか，どこで起きたのか」など
- WHEN（いつ）→「いつのことなのか」など
- WHY（なぜ）→「なぜそれをしたのか，なぜそうなったのか」など
- WHAT（何）→「何をしたのか，何があったのか」など
- HOW（どのように）→「どのようにしたのか，どれくらいしたのか」（HOW MUCH）

③結論（テーマ）から書き始める。
・文章の始めは，「結論」もしくは，「テーマ」から書き出す。何についての文章なのか，今からどのような意見に対する理由を述べるのかを，まず書く。

④文章を書く前に，必ずメモ書きをする。
・「マインドマップ」を活用する。まず中央にテーマを書き，その周囲にテーマから連想したキーワードやイラストを放射状に書き込んでいく。
☆付箋紙は，順序やまとまりを考えて並べたり，構成の工夫のために使う（情報の整理）。

（2）小論文の構成

起……テーマについての自分の意見
承……自分なりの解釈や要約
転……承で書いたことに対する詳しい意見
結……今までのまとめ

> はじめ……ざっくりと結論
> なか………具体的内容をくわしく
> むすび……ざっくりと結論（まとめ）

○自分の主張…なるべく簡潔に書く。
○主張する理由…「なぜなら〜からだ」という形式で簡潔に書く。
※できる限り，理由・根拠を付ける。
○主張の内容に関する客観的な根拠やデータを挙げる。
・絵や写真等を見て，気付いたことも加える。
○想定される反対意見を考える。
○反対意見の中で，共感できることを考える。
○反対意見への反論…なるべく客観的に書く。
○もう一度主張…最初に述べた主張を言い換える。
★単なる感情から主張をするのではなく，客観的な事柄を織り込んで書く。
★一方的に主張をするのではなく，反対する人の意見を予想して書くというのが最大のポイン

トとなる。
○一番大切だと思った点が伝えられているか読み返す。

(3) 書き出しの工夫
●書き出しの3〜5行が極めて重要
①自分の考えや体験を加え，書き始める。
②結論から書き出す。
③話題になっていることから書き始める。
　　※自分の体験・家族の会話から。
　　※調べた本の文章から。

【終わり・結び】
○調べて分かったこと，大切なこと，次に今後の目標や願いを書く。

(4) 指導のポイント
①「意見の書き方」「理由の書き方」「感じたことや気持ちの書き方」「体験談の書き方」など，4つの書き方を身に付けさせる。
②具体的な手順を示す。
　ア　話題提示（といかけ・自分の考え）※結論
　イ　事実①（根拠）
　ウ　事実②（根拠）
　エ　自分の考え・反対の意見を予想した自分の考え
　オ　まとめ
　☆付箋紙を並べ替えたりして，書く順序を工夫する。
　☆小論文入選作品等を参考に，構成を工夫する。

③読み取る視点・聞き取る視点
・自分の考えと似ているところ，違うところ
・自分の疑問への答えがあるかどうか
・事実・事例が示されているところ
・何故？ふしぎだなと思ったところ
・初めて知ったところ
・調べて気付いた点や考えが深まった点
・自分の考えに根拠・理由を付けて明確にしているか

小論文を書こう（1年）　　　　　　　　　　　　　　　　学校司書の教育的支援

1　目　標
○学校図書館の利活用を通して，小論文を書く学習の教育的支援を行う。

2　担任と学校司書の連携ポイント
①5月下旬に，司書教諭を中心に校内研修を行い，指導方法の共有化を図る。（読書感想文と論文の書き方の違いなど）
②読書感想文や調べる学習と関連付けて取り組む場合は，事前に学校司書に知らせる。
③読書月間（旬間）からは，国語科や生活科の単元に関連した本を紹介し，多様な知識に触れさせる読書活動を進める。
④小論文の書き方を指導する時期には，過去の入選作品や関連図書（できれば複本）を用意する。⇒どんな点がよいか話し合う。

3　学習の流れ（支援のポイント）

《準　備》
付箋紙（色別・大きさ別），学校図書館活用ノート，
ワークシート，過去の入賞作品（配布用も），対象本

①テーマ選定（予めテーマを与えてもよい）
　・友だちや家族など，自分の生活に身近な人や出来事で気になったこと
　・身近な動植物の観察から，詳しく知りたいと思ったことなど
②テーマに合う（資料となる）本の選定の支援
③過去の入選作品と対象となった本の紹介

教科・単元と関連した指導・支援

月	教科	教材名	◆学習目標・学習活動
5月	生活	たねをまこう　せわをしよう	◆継続的に植物の世話をしたり観察したりして，植物の変化や成長の様子に気付く。 ・観察カード
6月	生活	たんけんでみつけたことをはなそう	◆探検して見付けたことを友だちと伝え合う。

7月	国語	しっぽしっぽ 読む	◆動物のしっぽの種類や働きに興味を持ち，内容を大体理解する。 ・3点の写真（カンガルー・ビーバー，牛）を見て，しっぽの役目について本で調べる。

4 指導準備

	時期	具体的な内容
	5月下旬	司書教諭が中心となり，教員向け校内研修会
指導開始	6月　読書月間	読書量を増やし，幅を広げるためにブックトークや読み聞かせ等を行う。
集中指導	7月 または 9月	児童への書き方指導資料提示 ・論文の書き方（事実と自分の考えを区別） ・読書履歴を活用し，指導に役立てる。
個別指導	9月中旬	提出された小論文への個別指導
提　　出	10月	
募集要項	本を通して考えたこと，調べたことなどについての自分の意見を相手に伝える論文形式 400〜1200字	1行目…題（題の付け方を工夫する。） 2行目…本文 ◎読書感想文や調べる学習と関連付けて書かせてもよい。 ◎「〜だ。」「〜と考える。」と言い切り，その後に，調べたことや体験したことについて，自分が考える理由や意見を順序よくまとめる。⇒ ×「〜と思う。」

5 指導資料及び解説

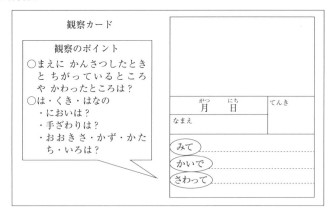

6 ブックリスト（小論文作成によく使われる作品）

NDC	書　名	著者名	出版社	発行年	あらすじ
E	ちょっとだけ	瀧村有子・さく 鈴木永子・え	福音館書店	2007	弟ができて，ちょっとずつがんばる姉の姿を描く。
E	ばあばは，だいじょうぶ	楠　章子 作 いしいつとむ 絵	童心社	2016	大好きなばあばが，「わすれてしまう」病気になってしまい…。
E	ラチとらいおん	マレーク・ベロニカ 文・絵	福音館書店	1965	ラチは気の弱い男の子。ある日，強くていいなあと憧れていたライオンに出会い，特訓を受けることに…。
E	やさいのがっこう とまとちゃんのたびだち	なかや みわ 作	白泉社	2016	野菜の子どもたちが，おいしい野菜になるために通う「やさいのがっこう」とは。
E	かわいそうなぞう	つちや ゆきお 文 たけべ もといちろう 絵	金の星社	1970	戦時中，動物園の動物たちが町中に暴れ出しては大変と，次々に毒殺されていき…。
E	かさぶたくん	やぎゅうげんいちろう 作	福音館書店	2000	かさぶたのできかたとそのはたらきを，やさしく教える。
E	そらまめくんのベッド	なかや みわ 作・絵	福音館書店	1999	そらまめくんの宝物はベッド。だが，そのベッドがなくなってしまい…。
E	あいしてくれてありがとう	宮西達也 作・絵	ポプラ社	2008	ひとりぼっちのパウパウサウルスにはじめてできたともだちは，おそろしいティラノサウルスだった。
E	ママ，ぼくのことすき？ しろくまポロのしんぱい	ジャン＝バプティステ・バロニアン 作 ノリス・カーン 絵	平凡社	2008	最近，ママもパパもちっともかまってくれず，しろくまのポロは，悲しくてたまらない。
E	こすずめのぼうけん	ルース・エインズワース 作 堀内誠一 画	福音館書店	1977	「もっと遠くまで飛んでいける」と思ったこすずめは，羽を速く動かして飛んでいくが…。
913	がっこうかっぱのイケノオイ	山本悦子 作 市居みか 絵	童心社	2010	ぼくとみかちゃん，アンドレくんの前に，かっぱのイケノオイがあらわれた。
479	あさがおさいた（しぜんにタッチ！）	大久保茂徳 監修 片野隆司 写真	ひさかたチャイルド	2007	ひと粒の種からつるが伸び，花が咲き，種が実るまでの様子を紹介する写真絵本。
485	ダンゴムシ みつけたよ	皆越ようせい 文・写真	ポプラ社	2005	ダンゴムシの生態を写真で紹介する科学絵本。

6 読書感想文を書こう（2年）　　　　　6〜7月指導

○1学期，教科書に掲載されている本を継続的に紹介し，いろいろな本に親しませる。

1 目 標
○読書月間で読書の幅を広げ，多様な本を楽しんで読もうとする。
○面白かった本や心に残った本から一番強く印象に残った本を選び，登場人物の言動の変化から自分の考えをまとめる。

2 学校司書と担任の連携ポイント
①日常的に読み聞かせ，ブックトークなどで，たくさんの図書に触れさせる。
②課題図書の準備をして，課題図書についてブックトークを行い，興味・関心をもたせるために工夫をする。
③読書感想文集の必要箇所を印刷し，学級で一斉に指導ができるように準備する。
④読む過程で分からない言葉等を調べられるように，国語辞典（低学年用）を用意しておく。
⑤日常的に本を手に取ることができるようにするために，公共図書館の集団貸出も含めてブックトラック等を活用し，学級文庫を整備しておく。

3 学習の流れ「6時間扱い」
（○指導のポイント　●学校図書館利活用のポイント　☆交流のポイント　△指導形態・方法）

---

1 つかむ（1）
- ●読書感想文コンクール入選作品で使用された本と作文を読み聞かせる。
- ○読書感想文の基本的パターンを押さえさせる。
  （本を選んだ理由→本の内容の簡単なあらすじ→自分の感想→まとめ）
- ○他の文のパターンについても触れておく。
  （主人公への手紙，主人公と自分との会話で書く，主人公などと自分を比べながら書く）
- ●いろいろな本を読む時間を十分に与える。

2 つかむ（1）
- ○どの本で読書感想文を書くかを決める。
- ・読んでいい気持ち（ジーン，さわやか，ホクホク，元気になる）になった本
- ・先生や家庭ですすめられた本
- ・強く心に残っている本
- ○3回読む。
- ・まず一度読んでみる。
- ・付箋紙をはりながら読む。
- ・付箋紙にメモしながら読む。

3 調べる（2）

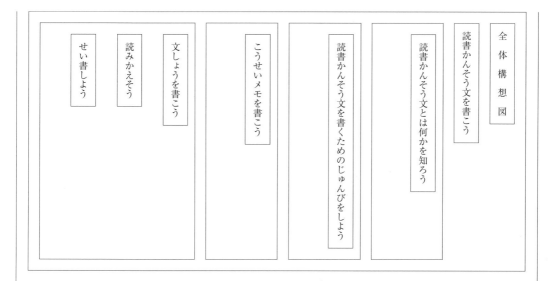

○読書感想文の構成メモを書く。
①「一番感動したこと」
　本を読んで強く感じたことを，素直な言葉で書く。
②「はじめ」
　読む人が読んでみたいと思うように書き出しの部分を工夫する。
③「なか」（ここが中心になる）
　どこを読んで何を感じたかを，付箋紙を使って説明する。
④「おわり」
　しめくくりの部分は，本を読んで感じたこと，本から学んだこと，自分がどう変わったかなど，読む人の心に残るようにまとめる。

4　まとめる（1）
○構成メモを見ながら文章を書く。
　題名の書き方の工夫
・「〜を読んで」は使わない。
・伝えたいことをそのまま題名にしたり，感想文の中の言葉から使ったりするとよい。
　気を付けること
・読んだ本の本文や解説などを引用する場合は，必要な部分だけにし，必ず「　　」を付ける。
・規定の字数の限度まで書くことができるとよい。

5　伝えあう（1）
○全体を見直す。
☆文字にまちがいがないか。
☆言いたいことが伝わるかどうか。
☆あらすじばかりになっていないか。
○清書する。
○展示し，読み合う。

4 指導資料

(1) 本の選定

①読んでいい気持ち（ジーン，さわやか，ホクホク，元気になる）になった本
②強く心に残っている本
③自分が今まで読んでおもしろかった本や感動した本
④課題図書
⑤先生や友達や家族のおすすめの本
⑥映画やテレビのドラマになった本
⑦自分と似たところのある人物が出てくる本
⑧好きなこと・興味のあることが書かれた本
⑨図書館や本屋さんで目について思わず手に取った本
⑩タイトルに興味をもった本
⑪本の表紙絵が気になった本

(2) 本の読み方（必ず最低3回は読む）

①まずは一度読んでみる
・おおまかな内容をつかむ。
・もしも自分に合わない本だったり，ピンとこないようなら別の本を選ぶ。

②気になるところに付箋紙（青色）を貼りながら読む

・疑問に思ったところ	・感動したところ	・気になる言葉
・わらったところ	・かわいそうなところ	・ふしぎに思ったところ
・おどろいたところ	・はじめて知ったこと	・まねしたいと思ったところ

・自分と比べてにているところや違うところ

③付箋紙（青色）をはったところを中心に，2色の付箋紙にメモしながら読み返す
・付箋紙（青色）をはったところを中心に読み返し，その部分で特に心に残る一文を付箋紙（青色）に書く。
・付箋紙（赤色）にその文から思ったことを書いて隣にはる。
・読み返していらないと思った付箋紙を外していく。
・感想文に書きたい付箋紙を2～3組選ぶ。

(3) 構成メモ

(4) 書き出しの工夫

①本との出会いについてのきっかけを書く。
②「～の本は『(本の題名)』です。」の形。
③登場人物への呼び掛けから。
④心に残った場面や言葉などから。

(5) しめくくりの工夫

①自分の考えを書く。
②気持ちが変わったことを書く。
③これから生かしたいことを書く。

(6) 低学年の指導上の留意点

★低学年は書くことの耕しをする段階なので，書き方の手順を丁寧に指導する。
◎自分のしたこと・目にしたこと・自分の思いを言葉にして話すことが喜び。
　×「それで，どう思ったの」
　○「それで，それで，ふーん，すごいね」と先生が聞いてくれてメモしてくれる。それを「たより」等で紹介してくれる。話が文字になり，文章になる不思議さ・憧れ
◎担任や家の人とたくさん話す体験を。話すことで書く材料集めの視点をもたせる。
　・一番好きな登場人物・好きなところ・初めて知ったこと…
　・どうしてそう思うのか，なぜか，不思議だ等…
　・自分と似ている，違っている点は？（絵を見て分かったこと・気付いた点）
◎登場人物に手紙を書くつもり（話し掛けるつもり）で。
　・分かったこと（知ったこと）と思ったことを分けて書くように。

読書感想文を書こう（2年）　　　　　　　　　　　学校司書の教育的支援

1　目　標
○学校図書館の利活用を通して，読書感想文を書く学習の教育的支援を行う。

2　担任と学校司書の連携ポイント
①朝読書や図書の時間，読書月間（旬間）等に担任と学校司書が読み聞かせを行い，様々な本に出合わせる。
②司書教諭・担任と連携し，4月上旬に学校図書館オリエンテーションを行う。本の取り扱い方や貸出・返却の仕方などを復習し，学校図書館の基本的な使い方を再度指導する。
③5月以降，図書の時間に課題図書を紹介し，学年で回覧する。
④読書月間（旬間）では，読書量を増やし，幅を広げるためにブックトークや読み聞かせ等を担任と連携して行う。
⑤読書感想文の書き方を指導する時期には，過去の入選作品や関連図書（できれば複本）を用意する。⇒読書感想文のよい点を話し合う。
⑥夏休みの図書館開館及びサマースクールで，選書の相談や個別指導をする。

3　学習の流れ（支援のポイント）

> 《準　備》
> 付箋紙（色別・大きさ別），学校図書館活用ノート，ワークシート，
> 過去の課題図書など，ブックスタンド，過去の入選作品（配布用も）

①過去の入選作品の本を読み聞かせ，簡単な感想を書かせて交流する。
②その本の感想文（入選作品）を朗読し，感想文がどのようなものかを紹介する。
③土曜授業公開日や保護者会で，保護者に家庭での取り組み方を説明する。
　・学校図書館活用ノート「読書感想文を書こう」の説明
　・学校図書館の夏季特別開館日と公共図書館の案内

教科・単元と関連した指導・支援

月	教科	教材名	◆学習目標・学習活動
6月	国語	このまえあったこと　書く	◆身のまわりの出来事の中から題材を選び，順序に気を付けて書く。 ・メモをもとに順序に気を付けて作文を書く。
6月	国語	まる，てん，かぎ	◆句読点やかぎかっこの使い方を理解する。 ・原稿用紙の書き方を知る。

7月	国語	あまんさんのへや 読む	◆紹介された本を読み，読書の楽しさを味わう。 ・友だちと感想を交流し合う。

4　指導準備

	時期	具体的な内容　　★学校司書が行う
指導開始	4月～	朝読書等での担任による読み聞かせ 　・読書記録をしっかりと書かせる。 学校図書館オリエンテーション
	4月下旬★ 5月中旬★	図書予算額確定後，発注★ 今年度の課題図書を紹介し，学年貸出★ （教室で読める環境に）
集中指導	6月 読書月間	学年だより等で家読推進
	7月	読書感想文への取り組み方を保護者に説明 　・土曜授業公開日または保護者会で行う。 児童への書き方指導 　・全体指導 　・個別指導…必要に応じて図書選定
個別指導	9月	読書感想文についての個別相談
提　出	10月中旬	審査
募集要項	低学年 800字以内 学年1点提出 （応募用紙添付）	3行目（＝本文）から数える。 1行目　題名 ⇒ 優秀作品を参考に工夫する。 　　　　　　×「○○」を読んで 2行目　校名・氏名

5　指導資料及び解説

> 味見読書

　味見をするように，本をパラパラとめくり，試しに読んでみる読書活動。普段手に取らないジャンルなどに興味を持たせることができる。

　　※用意した本のリスト，付箋紙，グループごとに本を回覧する場合は，ボックスファイル（＝グループの人数分の本が入る大きさ）

　①教員が用意した本の内容を簡単に紹介する。

　②1冊につき，3～5分または5ページ読むという制限を設け，1人が数冊を試し読みできるようにする。

　③1冊読むごとにリストに印（◎もっと読みたい　○まあまあ読みたい　△あまり読みたくない）を付ける。または，読み返したい本に目印の付箋紙を貼る。

　④「もっと読みたい本」の中から選んで，読書する（借りる）。

◎各教科等の単元に関連した図書でも活動できる。

6 ブックリスト（読書感想文コンクール入選作品（自由読書の部）・過去の課題図書・国語科教科書）

	NDC	書名	著者名	出版社	発行年	あらすじ
読書感想文入選作品※	E	いのちのまつり ヌチヌグスージ	草場一壽・作 平安座資尚・絵	サンマーク出版	2004	題「いのちはつながっている」第63回（2017年）ヌチヌグスージは、沖縄の方言で「いのちの祭り」という意味。
	913	おねえちゃんって、もうたいへん！	いとうみく 作 つじむらあゆこ 絵	岩崎書店	2012	題「がんばるおねえちゃん」第62回（2016年）ママが再婚して、新しいパパの娘がココの妹になった。
	E	フレデリック ちょっとかわったのねずみのはなし	レオ＝レオニ 作・絵	好学社	1980	題「ぼくの中のフレデリック」第61回（2015年）仲間が冬に備えて食料を貯えている夏に、フレデリックだけは何もせず、ぼんやり過ごしていた。
	E	このよでいちばんはやいのは	ロバート・フローマン 原作 あべ弘士 絵	福音館書店	2011	題「一ばんはやいのは、なんだ？」第61回 いろいろな生き物やものの速さを比べる絵本。
	913	きかんぼ	今村葦子 作 菊池恭子 絵	文研出版	1997	第59回（2013年）いつもじゃんけんに負けてランドセルを4つも運ぶ女の子の話。
	913	うそつきにかんぱい！	宮川ひろ・さく 小泉るみ子・え	童心社	2009	「ついてもいいうそってあるのかな」第58回（2012年）「やさしいうそ」とは…。
過去の課題図書	913	なにがあってもずっといっしょ	くさの たき 作 つじむら あやこ 絵	金の星社	2016	ある日、飼い主が帰ってこないことに気付いた犬のサスケは、探しに出かける。
	913	かあさんのしっぽっぽ	村中李衣 作 藤原ヒロコ 絵	BL出版	2014	怒り顔のかあさんの顔がキツネに見えた。忙しいかあさんと娘とのすれちがいを描く。
	913	どこかいきのバス	井上よう子 作 くすはら順子 絵	文研出版	2013	大切なものをお母さんに捨てられて家出したぼくの希望を叶えてくれるバスの話。
	913	アリクイにおまかせ	竹下文子 作 堀川 波 絵	小峰書店	2010	片付けが苦手な女の子の所に、「かたづけサービスしゃ」のアリクイがやってきた。
	913	とっておきの詩	村上しいこ 作 市居みか 絵	PHP研究所	2009	冬休みに詩を書いてくる宿題、ずっと考えてたけどひとつもできんかった。
	913	むねとんとん	さえぐさ ひろこ 作 松成真理子 絵	小峰書店	2009	年をとって物忘れも多くなったおばあちゃんと一緒に暮らすことになり…。
	913	しっぱいにかんぱい！	宮川ひろ 作 小泉るみ子 絵	童心社	2008	小学校のリレーで失敗して朝ごはんも食べられない位落ちこむ女の子は…。
国語教科書	913	なぞなぞのすきな女の子	松岡享子 文 大社玲子 絵	学研	1973	
	913	くまの子ウーフ	神沢利子 作 井上洋介 絵	ポプラ社	2001	
	913	ももいろのきりん	中川李枝子 作 中川宗弥 絵	福音館書店	1965	
	E	けんかのきもち	柴田愛子 文 伊藤秀男 絵	ポプラ社	2001	

※読書感想文優秀作品は、『考える読書―青少年読書感想文全国コンクール入賞作品集― 第〇回』（毎日新聞出版）として、毎年4月に出版される。
※過去の読書感想文の入賞者や課題図書リストは、全国学校図書館協議会のホームページから確認できる。

7 調べる学習をしよう(2年) 　　　　　　　　6〜7月指導

○身近な生活の中で興味・関心をもったことから学習問題を作り,問題解決に取り組む。土曜公開授業で親子の活動にする(全体で大まかなテーマを決めてもよい。例えば「動物」「植物」など)。

1 目　標
○学習や生活の中で詳しく知りたいことを見付け解決しようとする。
○詳しく知りたいことから問題を作り,図書館資料を使って調べ,事実を基に自分の思いや考えをまとめる。

2 学校司書と担任の連携ポイント
①学校図書館,公共図書館,各機関とのネットワークを生かし,本(図書館資料)を準備する(司書教諭と連携・協力し調べる学習の活性化を図る)。
②ブックトークの授業支援,レファレンス,パソコンの操作等を支援する。
③分かったカードへの記入の仕方,整理の仕方等について,学習の流れに即して分担して指導を行う。
④その学年の「図書館を使った調べる学習コンクール」入選作品を複数準備し,必要に応じて参照させ,興味・関心をもたせるよう指導する。

3 学習の流れ「3時間扱い」
(○指導のポイント　●学校図書館利活用のポイント　☆交流のポイント　△指導形態・方法)
※土曜公開授業で行う場合は,「つかむ」の部分の「ふしぎを見付けよう」を事前に行っておく。

---

1 つかむ (1)
○学しゅうのながれを知る。
　①ふしぎを見つけよう
　②かいけつほうほうを考えよう
　③本を見つけよう
　④「そのままカード」に書こう
　⑤「おもったカード」に書こう
　⑥タイトルを工夫して書こう
○共通のテーマで疑問に思ったこと,詳しく知りたいことをできるだけ多く書く。
△太陽チャートを使う。
△不思議に思った内容について「なぜ〜なのか?」という文章で書く。

---

2 調べる (1)
○テーマを決める(十分に時間をかけて,土台を作る)
・太陽チャートなどを使い,テーマを広げる。

・大きなテーマを絞り込み，調べるテーマを決める。
・調べる方法を今回は図書館資料を使って調べることを知る。
● 図書館で調べる
・調べたいことを資料から選び，質問の答えになる文をそのまま，「そのままカード」に書き写す。
・1つの情報を1枚の「そのままカード」に書く。
・調べる学習を通して分かったことや思ったことなどを「おもったカード」に書く。

```
全 体 構 想 図

しらべる学しゅうにチャレンジしよう         作品①
                                          ゴールモデルとして掲示
                                          しておく
学しゅうのながれ
 ①  ふしぎを見つけよう
 ②  かいけつほうほうを考えよう
 ③  本を見つけよう                        作品②
 ④  そのままカードに書こう                 ゴールモデルとして掲示
 ⑤  おもったカードに書こう                 しておく
 ⑥  タイトルを工夫して書こう
```

3　まとめる・伝え合う（1）
○画用紙にまとめる
・調べたテーマを書く。
・「そのままカード」「おもったカード」はレイアウトを考えて画用紙に貼る。
・開いている箇所にテーマに沿った内容のイラストを描く。（ビジュアルから分かることがあるように描くことも大切）
・見た人が思わず「読んでみたい」と思えるようなレイアウトを考えたい。（字の大きさや丁寧さ，テーマがわかりやすいか，絵は丁寧に描かれているか）
☆時間が許す限り，グループ内，学級で発表をして，友達のよいところを認めあう時間をとる。

※1「そのままカード」には，探した本の中から，調べた内容（文）をそのまま抜き出して書く。
　　その際，その本の名前も書く。
※2「おもったカード」には，初めて知ったこと，分かってよかったこと，友達に教えてあげたいと思うこと，もっと知りたいと思うこと等を書く。

※1

し	
ら	
べ	
た	
こ	
と	
本	

※2

4　指導資料

（1）図書館資料を活用した調べる学習　　※土曜公開で行い，保護者と共に授業する。

◎なぜ，「図書館を使った調べる学習」に力を入れて取り組むのか。

今教室で学んでいる児童が成人を迎える頃には，これまで以上に社会や職業の在り方そのものが大きく変化する可能性があると言われている。自立した人間として，他者と協働しながら創造的に生きていくために必要な資質能力がもとめられている。疑問に思ったことを能動的に調べ，それを分かりやすく，魅力的に表現する力は，これからの時代に特に大切となる。

　図書館を積極的に活用して，たくさんの物事に興味をもち，本を読み，考えや思いを周りの人に伝え，自分の世界を広げていける児童を育てるために，積極的にこの学習に力を入れる必要がある。

※調べる学習とは…自分で学ぶことを身に付けることを目的とした教育方法
○児童の「なぜ」「どうして」を大切にする

```
          ┌ まねぶ ──── できるようになる楽しさ ──── 技術の習得
学ぶ ┤
          └ なぜ・どうして ──── わかる楽しさ ──┬── 教えてもらって分かる
                                                  └── 自分で分かる
```

○児童の積極性を引き出す ────→ 楽しさを失わないような学習
・遊びの要素がある　　探す・試す・工夫する　┐
・努力に対する達成感がある　　　　　　　　　┘ 　調べる学習の楽しさ

※以上の内容を保護者に話す時間がもてるとよい。

(2) 調べる学習の3つの柱

※調べる学習は，集めること，選ぶこと，まとめること，伝えることを全部自分で行う学習。

①課題を把握する　　　・テーマを決める。
　　　　　　　　　　　・調べたいことをはっきりさせる。
②情報の収集をする　　・図書館資料やその他の情報を集める。
　　　　　　　　　　　・必要な情報を選び記録する。
③まとめと伝達をする　・分かったことを整理してまとめる。

(3) 低学年の調べる学習

①調べる三要素 ┌ 調べる学習の楽しさを実感する
　　　　　　　├ 調べる学習の進め方の基本を理解する
　　　　　　　└ 調べる学習を支える技能を習得する

〈本格的な調べる学習に入る前の段階〉
学習に役立つ本があることを知る。
ア　情報と実物の違いを知る。観察や資料から知ったことの区別を付ける。
　　・情報の楽しさ，すばらしさとその限界について気付く。
　　・自然の観察を本で確かめる。本で見たことを観察で確かめる。

イ　図書館で絵本や図鑑の場所を知る（3年までに10分類とその図書のある書架を知る）。
　ウ　見付けたことを簡単に書く…発見カード（記録カード）等を使用する。
　エ　図鑑の使い方を知る。（3年では，目次や索引，見当の付け方を知る）
　オ　学習を残る形にまとめる…ミニ本作り，図鑑作り等。（ページを打つ，表紙を付ける）
　カ　発表の形でみんなに伝える…絵，紙芝居，クイズ，パンフレット等。

※3「発見カード」には，実際に見付けた
　　ことを記録しておく。

※3

調べる学習をしよう（2年） 　　　　　　　　学校司書の教育的支援

1　目　標
　○学校図書館の利活用を通して，調べる学習の教育的支援を行う。

2　担任と学校司書の連携ポイント
①司書教諭を中心に校内研修を行い，指導方法の共有化を図る。
②国語科や生活科の単元に関連した本を紹介し，多様な知識に触れるとともに，ボランティア等による読みきかせ活動を推進する。
③調べる学習コンクールへの取り組み方を指導する時期には，過去の入選作品を各学年の廊下に展示する。
④調べたいテーマは，思考ツールを使って，テーマを絞り込むよう指導する。
⑤夏休みの図書館開館及びサマースクールで，選書の相談や個別支援を行い，進行の状況を把握し，担任と学校司書が情報を共有する。

3　学習の流れ（支援のポイント）

》《準　備》
付箋紙（色別・大きさ別），学校図書館活用ノート，ワークシート，記録カード（そのままカードやわかったカード等），過去の入選作品

①4月中旬，区入選作品の借用時期を図書館部で検討し，学校図書館支援室に借用の申請をする。（借用期間は約2週間）
②図書館振興財団（主催者）に前年度全国コンクール入選作品の利用申請書を提出する（複製作品が宅配便で届く。終了届を提出するまで借用可）。

教科・単元と関連した指導・支援

月	教科	教材名	◆学習目標・学習活動
4月	生活	1年生をむかえよう	・1年生に学校生活について紹介したり，一緒に遊んだりする。
5月	国語	つばめのすだち 読む	◆ひなが巣立つまでを時間や事柄の順序を押さえながら読み取る。 ・動物の赤ちゃんの成長についてクイズを作り，発表する。
7月	生活	生きもののことをつたえよう	・誰に，何を，どのように伝えるかをグループで話し合い，作品を作ったり発表の準備をしたりする。 ・発見カードや記録カードを基に，文章にまとめる。⇒順番のつなぎ言葉

4 指導準備

	時期	具体的な内容　　*学校司書が行う
	5月下旬	司書教諭が中心となり，教員向け校内研修会
指導開始	6月　読書月間	各教科等に関連付けたブックトークや読み聞かせを行う。
集中指導	6月または7月 保護者会または個人面談の週に★	調べる学習への取組み方を保護者に説明 　・土曜授業公開日または保護者会で 　　　　　　　　　　入選作品を学校図書館に展示★ 　　　　　　　　　　全国コンクール及び自校入選作品★
	7月上旬	この時期に調べるテーマを決めておく。 児童に調べ方やまとめ方を指導する。 　・全体指導
提　出	9月末	応募先
募集要項	最大B4判 50ページ以内 （目次・参考文献リストの頁は含まない） ◎使用した図書館資料名と図書館名を明記 （応募用紙添付）	◎調べる目的，方法，過程などをきちんと示しているか。 ・「なぜ調べたいと思ったのか」を明確に。 ・グラフ，絵，図，写真等で視覚に訴える。重要な所は文字の色・大きさを変える。 ◎資料・情報を基に，自分の考えをまとめているか。「調べた結果，何が分かったのか」 ◎複数の資料・情報を活用しているか。

5 指導資料及び解説

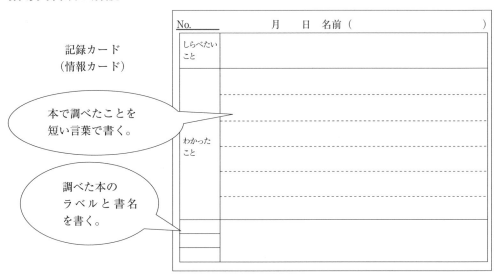

記録カード
（情報カード）

本で調べたことを短い言葉で書く。

調べた本のラベルと書名を書く。

6 ブックリスト

※ここでは，担任が指導する上で参考となる図書館資料を記す。

NDC	書　名	著者名	出版社	発行年	内　容
15	本で調べてほうこくしよう	赤木かん子	ポプラ社	2011	本で調べて報告するやり方を紹介。左ページに説明，右ページにコピーして使えるワークを収録。
15	図書館のトリセツ	福本友美子，江口絵里	講談社	2013	本の探し方から，調べ学習や自由研究での図書館の利用法まで，図書館を使いこなす方法を児童向けに解説。
17	なんでも「学べる学校図書館」をつくるブックカタログ＆データ集	片岡則夫	少年写真新聞社	2013	中学生に人気の50テーマに絞り，具体的な学習内容のチャートと解説をつけた本。中・高学年向きの本もある。
375	調べ学習の基礎の基礎　改訂版	赤木かん子	ポプラ社	2011	本のしくみ，百科事典の引き方，図書館のしくみなどを児童向けに解説。
375	りかぼん　授業で使える理科の本	りかぼん編集委員会 編著　北原和夫 他 監修	少年写真新聞社	2012	小学校の理科の授業（単元ごとの学習内容）や調べる学習で活用することを主眼に学習展開に沿った本を選出。低学年向けの本もある。
375	すぐ実践できる情報スキル50	塩谷京子	ミネルヴァ書房	2016	学校図書館を利活用することを通して育成される情報スキルを，学習指導要領と教科書から抜き出し，50の情報スキルとして整理。それぞれの内容と指導方法を解説。
407	かがくが好きになる絵本100	科学の本の読み聞かせの会「ほんとほんと」	幻冬舎	2015	テーマごとに，絵本の内容と関連する実験・工作などを紹介。また，本の内容から連想される言葉がウェビングマップで示される。絵本は低・中学年向きの本を紹介。

図書館を使った調べる学習コンクール入選作品

	作品タイトル	内　容
入選作品※	シーサーはやさし～さ～ シーサーが教えてくれた獅子の世界（2017年）	シーサーはなぜ魔除けなのか疑問に思い，その歴史を調べて，ルーツである獅子がメソポタミア文明から存在したと突き止める。外国の獅子信仰や日本の獅子や狛犬についても調べる。
	さっかく ミラクル 大作せん（2017年）	本当は同じ長さなのに，違って見えるのはなぜなのか。目の錯覚について，いろいろと調べていく。
	国宝 合しょう土ぐうはご近所さん 土ぐうはこんなにすごかった（2016年）	近所の縄文館を訪れ，土偶と土器との違いや何のために作られたのか予想をたてながら調べた。土偶作りの体験から特徴や違いが分かるようになり，地元の国宝が独特な形をしていることに気付く。
	かゆいアトピーのなぞをおえ（2015年）	夏休みに岩手へ行った際，いつもは症状の出るアトピーがぴたりと止まったことに驚き，アトピーの原因を調べていく。「夏休みに岩手へ行った際，いつもは症状の出るアトピーがぴたりと止まったことにビックリしました。東京と岩手とで，何か違いがあるのではないかとにらみます。
	めざせ‼ぬかづけはかせ（2015年）	おばあちゃんが作ってくれるぬかづけは，美味しい。どうして野菜を生で食べるのと味が違うのか？　たくさんの疑問を解決して，ぬかづけ博士を目指す。
	ダンゴムシの七ふしぎ（2014年文部科学大臣賞受賞）	ダンゴムシはなぜさわると丸くなるのか？エビやカニと同じ甲殻類なのに，なぜ水中にいないか？何百匹ものだんごむしを44日間観察し，実験と考察を重ねる。

※図書館を使った調べる学習コンクール入選作品は，「3学習の流れ（支援のポイント）」を参照のこと。

8　手紙文を書こう（2年）　　　　　　　　　　　　　　　　　　　　　5月指導

○これまで読んできた絵本を振り返り，学年に相応しい絵本を選び，手紙を書くことによって，自分の考えを明確にする機会とする。

1　目　標
○ブックトークを聞き，新しいジャンルの絵本を読もうとする。
○手紙を書くに当たって必要な事柄を知るとともに，絵や文章をより深く味わい，そこから学んだことを手紙にまとめることにより自分の考えを深める。

2　学校司書と担任の連携ポイント
①資料を準備し，紹介する。
②国語辞典（低学年用）の使い方と付箋紙の活用の仕方の指導分担を行う。
③国語教科書「あんないの手紙を書こう」の発展として指導するため，「わたしの本だな」の「ピーターのてがみ」をはじめとした手紙が出てくる絵本を紹介して興味・関心をもたせる。また，こうした絵本をいつでも読めるように環境を構成する。
④すぐれた手紙文の紹介ができるよう準備する。必要に応じて，印刷して配布できるようにする。
⑤絵と本文を十分に味わえるように，提示や読み聞かせの方法を工夫する。
⑥様々なジャンルの絵本に触れる機会とするとともに，読書感想文作成の初歩的な指導を行う。

3　学習の流れ「7時間扱い」※指導計画は，4時間扱い等に短縮して指導してよい。
　　（○指導のポイント　●学校図書館利活用のポイント　☆交流のポイント　△指導形態・方法）

1　つかむ（1）
○国語教科書から，手紙文の形式や必要な事柄を指導する。
●簡単な感想メモが書き込めるワークシートを用意する。
○1・2年生のときに読んだ絵本の中から，一番おもしろかった絵本・一番心に残った絵本を選んで，読み返す。
※2回ほど，読む。
※表紙・題名，絵にも注目する。
※これまでに読んだときと，今回読んだ感想を比べる。
○ワークシートに，書き込む。
※書き込みから手紙の中心が明確になっているか，たしかめる。

2　つかむ（2）
○前時に記入したワークシートから，絵本を読むときに注意して読むところを見付ける。
☆同じ絵本を選んでいる子ども同士で，メモの内容を交流してもよい。
☆絵本を選んだわけや一番心に残ったことが明確になっているか注意し合う。

第1章　低学年―読むことに親しむ―

全体構想図

| 手紙を書こう | ○手紙の文の書き方を知る | ○手紙形式のワークシートで構成メモを書く | ○てがみを書こう
○よみかえそう
○せいしょしよう |

☆注意して読み取る点を全員で確認する。
● すぐれた手紙の紹介を聞く。
○ 絵本の感想を伝えよう。

3　調べる（1）
○学校司書のブックトークを聞く。
○「ピーターのてがみ」をはじめ、「てがみ」が出て来る絵本を紹介する。
○絵本の中から，2年生に相応しい絵本も紹介する。
○紹介された絵本を中心に，読みたい絵本を見付ける。
● 迷う児童には，担任と学校司書が個別支援を行う。
△ 児童の読書履歴を把握しておく。
○選んだ絵本を繰り返し読む。
● 2年生に相応しい絵本となっているか　確認する。
※読む絵本のジャンルの広がりと質の両面を押さえる。

4　調べる（2）
○読み取った内容について，ワークシートに書き込む。
※再度，絵本を読んでからでもよい。
●「どうしてその絵本を選んだのか」
　（その絵本との出会いのエピソード）
　「一番心に残ったこと（場面・主人公の言動等）」
　「絵本を読む前と後で，自分の中で変わったところ」に気付く。
※自分と比べさせて。
※「このようになりたい」という思いを大切に。
※絵本の種類により，「分かったこと」が中心になる場合がある点に注意する。（事実と考え）

5　まとめる（1）

○ワークシートを読み返し,詳しくするところや足りない部分を付け加える。
● 手紙の構想ワークシートを準備する。
※この段階で書けない児童には,選んだ絵本が相応しくないか確かめて,個別支援を行う。
（再度,絵本を選ばせてもよい。）
○ 手紙構想ワークシートに,記入する。
● 絵本を読んだ感想ワークシートの中から書き抜くようにする。
※一つの文章を長くしない。長い場合は,一つの文章に複数の内容が入っているため,幾つかの文章に分ける（その方が詳しくなる）。

6　まとめる（2）
○ 手紙構想ワークシートを基に,手紙を書く。
※「つなぎ言葉」を入れるとよいことに気付くとよい。
※段落に注意する。
● 書き終えた後で,再度読み返し,加除訂正する。特に,書き出し部分と終わりの部分について,工夫する。
● 自分の経験と比べることや,自分の気持ちが変わったところ等について,伝わる文章になっているか,推敲する。
※推敲の段階で,再度,絵本を読み返す。

7　伝えあう（1）
☆同じ作者の絵本を選んだ児童や同じ絵本を選んだ児童でグループにして,手紙文について交流する。
※生活班でもよい。
● グループ内の発表ではなく,手紙文のよい点に付箋紙を貼る。
※友達の付箋紙等から,気付いた点を書き加える。
● 自分の伝えたいことが,はっきり分かるように書かれているか,確かめる。

8　伝えあう（2）
※学習した漢字が使えているか,送り仮名は正しいか,文章表記に間違いがないか等,点検する。
● 国語辞典を使う（低学年用）。
○ 心を込めて,清書する。
○ 手紙文集をつくる。

4　指導資料

(1) 感想ワークシートの視点

①この絵本を選んだわけ。

②かんたんなあらすじ。

③主人公の名前や性格と特徴。

④主人公の言葉や行動で,一番強く心に残ったこと。

⑤主人公の行動や周りの人々の言葉などから,疑問に感じたこと。

⑥自分と主人公を比べて。

　・似ているところ

　・似た体験

　・違うところ

・違う体験
⑦今まで読んできた絵本と比べて。
⑧この絵本から気付いたこと，考えたこと。
⑨相手に伝えたいこと。

(2) 手紙構想ワークシートの視点
「はじめ」
○題名（表紙）から，想像したこと，考えたこと。
○この絵本を読んだきっかけ。
※「会話文を冒頭にして，簡単なあらすじから書き出す」方法もある。
「なか」
○絵本のあらすじ，主人公の性格や特徴。
○一番強く心に残ったこと。
○そのことから思ったこと，考えたこと。
○自分と比べて。
　・似ている点や違う点から。
○疑問に思ったところと自分の考え。
○笑ったところや面白かったところ。
「終わり」
○この絵本を読んで，気付いたこと，考えたこと。
○読み手に伝えたいこと。
※絵の描き方（色・場面の切り取り・表情等）について感じたこと，今まで読んできた絵本と比べて感じたことなども入れる。

(3) 紹介する絵本についての視点（読書の幅を広げ質を高める）
○2年生の学習との関連を図る。
○昔話や子どもの世界を描く絵本と異なるジャンルを紹介する。
○特に，3年生からは社会科・理科の学習が始まることや，男子の興味・関心が科学的なもの等に移行することを踏まえる。
○先人の業績等，人間の生き方に触れる作品の紹介。
● 『はしれ！　ちんちんでんしゃ　―東京都電　荒川線―』後藤英雄さく，小峰書店（現在は復刊ドットコム刊）

(4) 書き出しの工夫の視点
○わたしがこの絵本を選んだ理由は，「～というタイトルがおもしろかったからです。

○ぼくは，『　　』という絵本を読みました。アフリカの男の子のお話です。
○『　　』という絵本は，よい友達とはということについて考えさせられます。
○「　　」と○○がさけんだのは，びっくりしました。とても勇気がいると思うからです。
○ぼくは『　　』という絵本を読みましたが，○○さん（聞き手）に，聞いてほしいことが出てきました。それは～。

手紙文を書こう（2年）　　　　　　　　　　　　　　　　学校司書の教育的支援

1　目　標
○学校図書館の利活用を通して，手紙文を書く学習の教育的支援を行う。

2　担任と学校司書の連携ポイント
①朝読書や図書の時間，読書月間（旬間）等に担任と学校司書が読み聞かせを行い，絵本に興味をもち，進んで読むよう継続して指導する。
②読書月間（旬間）では，読書量を増やし，幅を広げるためにブックトークや読み聞かせ等を担任と連携して行うとともに，児童相互で読みきかせを行うなど，活動を広げる。
③読書記録を習慣付け，一言感想（何をどう感じたのか）や本の紹介などを書き，自分の読書を振り返ることができるようにする。
④手紙の書き方に関連する図書館資料を用意する。

3　学習の流れ（支援のポイント）

《準　備》
付箋紙（色別・大きさ別），過去の入選作品（配布用も），対象本

①学校司書が絵本を読み聞かせする。
②過去の入選作品と対象となった本を紹介する。

教科・単元と関連した指導・支援

月	教科	教材名	◆学習目標・学習活動
5月	国語	できたらいいな　話す・聞く	◆できるようになりたいことや，やってみたいことを，みんなに聞こえるように話し，聞き合う。
7月	国語	お手紙	・読み取ったことのまとめとして，登場人物にあてて手紙を書く。
7月	国語	手紙をこうかんしよう　書く	◆友達に伝えたいことや，聞いてみたいことを手紙に書いて，交換し合う。

4　指導準備

	時期	具体的な内容
指導開始	6月　読書月間	朝読書等での担任による読み聞かせ 読書記録を習慣付ける。
集中指導	7月 　または 9月	児童への書き方指導資料提示 ・手紙形式で文章作成の練習をする。 ・読書履歴を活用し，指導に役立てる。
提　出	9月末	
募集要項	◎「絵本」に限定 ◎手紙形式 　400〜800字 　各ページに氏名とページ番号を書く。 （応募用紙添付）	◎絵本のどういうところに感動したり面白く感じたりしたのか，それが自分の心や生活にどのような意味をもったり，影響を受けたりしたのかが，分かりやすく表現されていること。

5　指導資料及び解説

読書のアニマシオン

みんなで同じ1冊の本を読み（グループ読書），読み終わった本で様々な「作戦」を行う。本を集中して読めない子も楽しめる。

○主語や場面の様子を正しく読み取る力
　・読み違えた読み聞かせ（わざと読み間違えて読み聞かせする）
　・いる？いない？（登場人物に着目させる）
○物語の順序を理解して読む力
　・前かな？後ろかな？（出来事の順番に着目させる）
　・お話の順番を考えよう
　・挿絵の並び替え

6　ブックリスト（手紙文が出てくる絵本）

	書　名	著者名	出版社	発行年	あらすじ
E	おかあさん，げんきですか。	後藤竜二　作 武田美穂　絵	ポプラ社	2006	母の日にお母さんへの言い分がいっぱいの手紙を書いたぼくは…。
E	きいちごだより	岸田衿子　文 古矢一穂　絵	福音館書店	2001	動物たちが自分の村のきいちごのことを手紙に書きました。遠い外国の動物たちは，自分の国のきいちご便りを書いてくれました。
E	きょうはなんのひ？	瀬田貞二　作 林　明子　絵	福音館書店	1979	お母さんが，まみこが書いた手紙の指示に従って，次々にたどっていくと…。
E	クレヨンからのおねがい！	ドリュー・デイウォルト　文 オリヴァー・ジェファーズ　絵	ほるぷ出版	2014	ケビンがクレヨンの箱を出すと，自分宛の手紙の束が。それは，クレヨンからの手紙で…。

E	サンタ・クロースからの手紙	J.R.R. Jトールキン 作 ベイリー・トールキン 編	評論社	1995	サンタクロースの知られざる暮らしぶりを，サンタ自身が，子どもたちに向けて書いた手紙。
E	じがかけなかったライオンのおうさま	マルティン・バルトシャイト さく・え	フレーベル館	2007	ライオンの王様は，好きになっためすライオンに手紙を出そうとしましたが，王様は字が書けません。そこで…。
E	たんじょうびのふしぎなてがみ	エリック・カール さく・え	偕成社	1979	チムは誕生日に不思議な手紙を見つける。その手紙の内容をたどっていくと…。
E	てがみをください	やましたはるお 作 むらかみつとむ 絵	文研出版	1976	赤いポストに勝手に住みついたカエルは，毎日手紙がくるのを待っていた。
E	ティモシーとサラ はなやさんからのてがみ	芭蕉 みどり 作・絵	ポプラ社	2012	花屋さんを開店したデイジーさんは，みんなが来てくれるか，とても心配。ティモシーとサラはお手伝いしながら，お客さんを待つが…。
E	フェリックスの手紙1 小さなウサギの世界旅行	アネッテ・ランゲン 話 コンスタンツァ・ドローブ 絵	ブロンズ新社	1994	夏休みの旅行中，ソフィーは大切なぬいぐるみウサギのフェリックスを空港でなくしてしまう。しょげかえるソフィーの元に，ロンドン，パリ，ローマから次々と手紙が届く。
E	ワニのライルとなぞの手紙	バーナード・ウェーバー さく	大日本図書	1984	ライルあてに届く差出人不明の手紙には，悪口ばかり書かれていた。

第1章 低学年―読むことに親しむ―

9　小論文を書こう（2年）　　　　　　　　　　　9月指導

○夏休みの読書感想文の発表や調べる学習の発表を聞いて，興味・関心をもったことのテーマを設定しておく。

1　目　標
○学習や生活の中で詳しく知りたいことを見付けようとする。
○自分が分かったこと，感じたこと，考えたことが明確になるように順序に気を付けて書く。

2　学校司書と担任の連携ポイント
①小論文で題材とする本の選定を行う。
・過去の入選作品で取り上げられていた図書を参考にして選定し紹介する。
・子どもが何を調べようとしているのかを学校司書と事前に連携して把握し，個に応じた適切な図書館資料の提供ができるようにする。
②過去の入選作品集の必要な箇所を印刷し，学級で一斉に指導できるように準備する。
③読む過程で分からない言葉等を調べられるように，国語辞典（低学年用）を用意しておく。
④日常的に本を手に取ることができるようにするために，公共図書館の集団貸出も含めてブックトラック等を活用し，学級文庫を整備しておく。
⑤テーマを絞り込むためのツールを事前に用意するとともに，付箋紙の使い方を分担して指導できるようにする。

3　学習の流れ「5時間扱い」
（○指導のポイント　●学校図書館利活用のポイント　☆交流のポイント　△指導形態・方法）

1　つかむ（1）
●小論文コンクール入選作品で使用された本と作文を読み聞かせする。
○小論文の基本的パターンを押さえる。
「話題提示（結論）→事実（根拠）①→事実（根拠）②→自分の考え→※（反対の意見を予想した自分の考え）→まとめ」
●様々な本を読む時間を十分に与える。
　（よかったと思うところ，感動して考えたところ，発見したところ等を3点考える）
2　つかむ（1）
○読んだ本，身近な動植物，学習や生活したことの中から，詳しく知りたいテーマを決める。
○どうしてそのテーマにしたのか，理由を考える。

3　調べる（1）
○選んだテーマに合った本を読んで，発見したところ，感動してよかったなと思って考えさせられたこと，不思議だなと思ったところに付箋紙を貼る。
○小論文の構成メモを書く。（指導資料を参考にする）

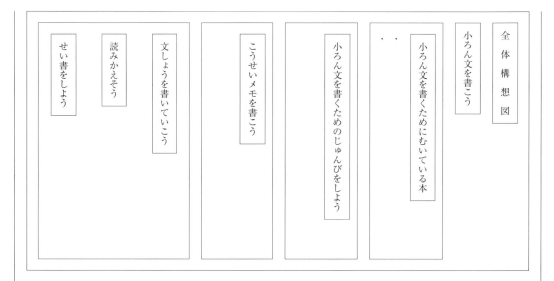

はじめ ・本を読んで学んだこと
　　　・自分の考え
なか1 ・本の内容
　　　・自分の考え
なか2 ・自分の体験
なか3 ・自分の考え，意見
おわり ・これからの自分

4　まとめる（1）
○構成メモを見ながら文章を書く。
題名の書き方の工夫
・「〜を読んで」は使わない。
・伝えたいことをそのまま題名にしてもよい。
気を付けること
・読んだ本の本文や解説などを引用する場合は，必要な部分だけにし，必ず「　　」を付ける。
・規定の字数の限度まで書くようにする。

5　伝え合う（1）
△全体を見直す。
・文字にまちがいがないか。
・言いたいことが伝わるかどうか。
・あらすじばかりになっていないか。
△清書する。
☆読み合う。

4 指導資料

(1) 小論文とは

　小論文とは，テーマに関する自分の判断や考えを論理的に書くものである。論理的であることが大切であり，自分がなぜそう考えるのか，なぜそのように言えるのかという論拠（理由）を，筋道立てて説明しなければならない。小論文は，自分の判断や考えを人に主張するための論理的な文章であること，つまり，筋の通った説明文であることが評価対象。その判断や考えの優劣よりも，むしろ文章の論理性が重要である。

序論（はじめ）→問題提起と意見提示
　序論で論点に関して肯定か否定か，解決策は何かという自分の意見を，まず明らかにしておく。

本論（なか）→理由説明
　序論で提示した自分の意見が正しいと確信する理由を説明する。そのために，根拠となる実例や情報（論拠）を提示し，結論につながる論理的な説明を展開する。

結論（むすび）
　本論の説明を受けて，「従って，私は 〜 である」，「よって，〜 だ」というように自分の意見で締めくくる。

(2) 様々な小論文の構成

①テーマの内容を説明
②問題点
③３つの解決方法
④③の問題点
⑤④の問題点の解決方法

起…テーマについての自分の意見
承…自分なりの解釈や要約
転…承で書いたことに対する詳しい意見
結…まとめ

①話題提示（問いかけ・自分の考え）※結論
②事実①（根拠）
③事実②（根拠）
④自分の考え・反対の意見を予想した自分の考え
⑤まとめ
　☆付箋紙を並べ替えたりして，書く順序を工夫する。
　☆小論文入選作品等を参考に，構成を工夫する。

①はじめ…ざっくりと結論　②なか…具体的内容をくわしく　③むすび…ざっくりと結論（まとめ）

(3) 書き出しの工夫

- 書き出しの3〜5行が極めて重要

①自分の考え・調べたことに体験を加え，書き始める。
②結論から書き出す。
③体験やTV・新聞等で話題になっていることから。
※自分の体験・家族の会話から。
※調べた本の文章から。
※自分の感想・考えを理由を含めて明確にさせておく。
【終わり・結び】
○まず，調べて分かったこと・大切なこと。次に今後の目標や提案・願いを書く。

(4) 指導のポイント

○文章を書く前に，必ずメモ書きをする。
　「マインドマップ」を活用する。まず，中央にテーマを書き，その周囲にテーマから連想したキーワードやイラストを放射状に書き込んでいく。
○単なる感情から主張するのでなく，客観的な事柄を織り込んで書く。
○一方的に主張をするのではなく，反対する人の意見を予想して記すというのが最大のポイントとなる。

小論文を書こう（2年）　　　　　　　　　　　学校司書の教育的支援

1　目　標

○学校図書館の利活用を通して，小論文を書く学習の教育的支援を行う。

2　担任と学校司書の連携ポイント

①5月下旬に，司書教諭を中心に校内研修を行い，指導方法の共有化を図る（読書感想文と論文の書き方の違いなど）。
②読書感想文や調べる学習と関連付けて取り組む場合は，事前に，学校司書に知らせる。
③読書月間（旬間）からは，国語科や生活科の単元に関連した本を紹介し，多様な知識に触れさせる読書活動を進める。
④小論文の書き方を指導する時期には，過去の入選作品や関連図書（複本）を用意する。

3　学習の流れ（支援のポイント）

> 《準　備》
> 付箋紙(色別・大きさ別)，学校図書館活用ノート，ワークシート，過去の入選作品(配布用も)，対象本

①テーマ選定（予めテーマを与えてもよい）
　・友だちや家族など，自分の生活に身近な人や出来事で気になったこと
　・身近な動植物の観察から，詳しく知りたいと思ったこと　など
②テーマに合う（資料となる）本の選定の支援
③過去の入選作品と対象となった本の紹介

教科・単元と関連した指導・支援

月	教科	教材名	◆学習目標・学習活動
4月	生活	1年生をむかえよう	・1年生に学校生活について紹介したり，一緒に遊んだりする。
5月	国語	つばめのすだち　読む	◆ひなが巣立つまでを時間や事柄の順序を押さえながら読み取る。 ・動物の赤ちゃんの成長についてクイズを作り，発表する。
7月	生活	生きもののことをつたえよう	・誰に，何を，どのように伝えるかをグループで話し合い，作品を作ったり発表の準備をしたりする。 ・発見カードや記録カードを基に，文章にまとめる。⇒順番のつなぎ言葉

4　指導準備

	時期	具体的な内容
	5月下旬	司書教諭が中心となり，教員向け校内研修会
指導開始	4月〜	観察カードなどを書くときのポイントを指導し，観察記録を習慣付けさせる。
集中指導	6〜7月 または 9月	児童への書き方指導資料提示 ・論文の書き方（事実と自分の考えを区別） ・読書履歴を活用し，指導に役立てる。
個別指導	9月中旬	個別相談
提　出	10月	
募集要項	本を通して考えたこと，調べたことなどについての自分の意見を相手に伝える論文形式 400〜1200字	1行目…題（題の付け方を工夫する） 2行目…本文 ◎読書感想文や調べる学習と関連付けて書かせてもよい。 ◎「〜だ。」「〜と考える。」と言い切り，その後に，調べたことや体験したことについて，自分が考える理由や意見を順序よくまとめる。⇒ ×「〜と思う。」

5 指導資料及び解説

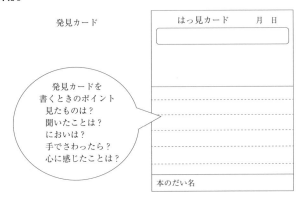

発見カード

発見カードを
書くときのポイント
見たものは？
聞いたことは？
においは？
手でさわったら？
心に感じたことは？

6 ブックリスト（小論文作成によく使われる作品）

NDC	書　名	著者名	出版社	発行年	あらすじ
E	ペンギンのヒナ	ベティ・テイサム さく ヘレン・K・デイヴィー え	福音館書店	2008	ペンギンはどのように子育てするのか？
E	すばこ	キム・ファン 文 イ・スンウォン 絵	ほるぷ出版	2016	小鳥を守る巣箱の始まりと楽しみ方を描く。課題図書
E	いのちは見えるよ	及川和男 作 長野ヒデ子 絵	岩崎書店	2002	全盲で盲学校の先生の出産に立ち会ったお隣の女の子は、「いのちは見える」の言葉に心を動かされる。
E	おにいちゃんはアニマン	あきやまただし 作・絵	学研教育出版	2010	えみちゃんが困っていると、いろんな動物に変身して助けてくれるおにいちゃんは、最高のヒーロー・アニマン
E	ぼくがあかちゃんだったとき	浜田桂子 作・絵	教育画劇	2000	今日は僕の6才の誕生日。お父さんは僕があかちゃんだった時の話をしたよ。
E	モチモチの木	斎藤隆介 作 滝平二郎 絵	岩崎書店	1971	じさまと暮らす豆太は、5歳になっても夜中に一人でせっちんに行けない。豆太はどうして臆病なんだろう。
E	としょかんライオン	ミシェル・ヌードセン 作 ケビン・ホークス 絵	岩崎書店	2007	ある日、まちの図書館にライオンが入ってきた。人々は大あわて。
E	いのちをいただく	坂本義喜 原案 内田美智子 作 魚戸おさむ 絵	講談社	2013	生きるために食べる、食べるために働く、そして命を解くこと。全てはこのサイクルの上に成り立っている。
E	てとてとてとて	浜田桂子 作	福音館書店	2008	私たちの手。手は毎日いろいろなことをする。手はいつも役に立ってくれる。でも、それだけじゃない。
488	テクテク観察ツバメ日記	七尾 純 著 どい まき絵	あかね書房	2008	ツバメが地上に降りるときにすることは？身近にいるのに気づかないツバメのすがたを紹介。
493	ちかちゃんのきゅうしょく	光本多佳子 文 川本 浩絵	かもがわ出版	2007	給食の時間にひとりだけお弁当をひろげる、食物アレルギーのちかちゃん。
913	しゅくだい さかあがり	福田岩緒 作・絵	PHP研究所	2014	夏休みもあと少しなのに、さかあがりがまだ1回もできていない。
913	大きい1年生と小さな2年生	古田足日 著	偕成社	1978	泣虫の一年生まさやと、しっかり者の二年生あきよの友情と自立の物語。

第2章 中学年
―読む力を確かに―

Ⅰ 中学年の指導

阪本一郎の「読書能力の発達と読書興味の発達」より

1 3年生の読書
阪本一郎の読書能力の発達より……「基礎読書力成熟期」

① 3年生のこの時期は、前段階の「読書習慣形成期」、つまり「新語が推読でき、読み返さないでも考えながら読め、読書の習慣が形成される」段階から、さらに一歩前進する。
　この時期（3年生修了時まで）は、「読書の基礎的な技術が一応の成熟に達する時期」と想定され、「黙読ができる」ようになっていることが特徴である。

② 「読書の基礎的な技術」とは、眼球運動の発達により文章を見る範囲が拡大されるとともに、読む速度も向上し、段落のまとまりや場面の理解及び登場人物の言動の変化等を読み取る力の向上等を指す。

○【読書能力の個人差】
「性差」「年齢差」「地域差」「読書習慣」等

○【読書興味の外部的条件】
「編集・造本」「入手しやすさ」「教師の指導」「映画や放送の影響」「商略」

2 4年生の読書
阪本一郎の読書能力の発達より……「読書独立期」

① 4年生から5年生にかけては、「自発的にさかんに読み、情報を図書に求めて問題を解決する」時期とされる。

② 問題意識が芽生え、解決に向かって主体的に取り組む姿勢が表れる。

3 読書興味の発達
（1）童話期（8～10歳）

① 「興味の対象はいっそう現実的になるが、まだ想像の世界で、その性格や価値や構成をいちじるしく誇張している。」

② 「行動の筋を追うだけでは満足せず、場の諸関係に注意するようになり、因果の必然性を納得しようとする。そこに行動の実践力が重んじられ、話中の人物の行動に共感し、あるいは批判しつつ、現実の社会に目を向けていく。」

（2）物語期（10～15歳）

一層現実的になり，社会の構造と価値などを知的に追究し，客観的な知識の体系を作ろうとする。」

※読書興味の発達は，野口と同様に「童話期」と「物語期」が重なり合っている。読書興味の外部的条件が，時代の推移で激変している。

※野口武悟の「読書興味の発達段階モデル」
　a・絵本期（～8歳）　　　b・童話期（6～10歳）　　　c・児童文学期（8～12歳）
　d・大衆文学期（11歳～）　e・ライトノベル期（13歳～）
◇このモデルによると，中学年は「童話期・児童文学期」の双方の発達段階の児童が混在する。
◇教師の実態の実感としても頷ける。

4　3年生とは：学年としての特徴

①複数学級編成の学年では，多くの場合，クラス替えが行われ，担任も替わる場合が多い。
②学習では，生活科から社会科・理科となり，科学的なものの見方や体験的な学習が増えるとともに，知識・技能の習得が重要となる。
③特に，社会科では，教科書とともに副読本（地方自治体や身の回りの社会的事象）及び地図帳の学習があり，国語科では，国語辞典・漢字辞典・ローマ字の学習も入る。文章を読むことの機会が，より増大する。
④資料や文章を基に，関連する図表・地図等から類推したり根拠を明確にしたりする情報活用能力の基礎を培うことが求められる。
⑤男女の読書傾向の相違が鮮明になる時期。特に男子は，自分の興味・関心に応じた図鑑等を好み，児童文学を手に取らない傾向が出てくる。

3年の課題：①読書の範囲を拡大し，読書量を増やす。
　　　　　　②図鑑・辞典・地図帳や図書館資料を活用して調べる力を付ける。

5　4年生とは：学年としての特徴

①体力・運動能力ともに高まり，生活圏内での行動範囲の広がりとともに集団で行動することが増える。
②自分にとっての新しい知識を得ることを喜んだり，興味・関心の範囲が拡がる傾向が増大する。
③国語科の学習では，目標や各領域の内容が2年単位で示されているが，中学年としての知識・技能や思考力・判断力・表現力等を確実に身に付けさせなければならない時期である。しかし，個人差も拡大する傾向がある。
④社会科の学習では，身近な生活からより広い範囲の社会的事象の学習になり，理科では

実験と観察が増える。課題を追究し解決を図る学習過程で，情報活用能力を身に付けることが一層重要になる。
⑤読書において，女子はファンタジーを好む傾向が強まる。
4年の課題：①読書記録を付け，自らの読書を振り返り読書範囲を拡大する。
　　　　　②図書館資料を活用し課題解決のために調べ，まとめる力を付ける

6　3年生の読書指導

(1) 読書の幅を広げる。

①この時期の児童は，まだ絵本を手に取ったり，幼年童話のような本を好むことも多い。また，昆虫・鉄道・宇宙・恐竜等の特定の領域に興味・関心を示し，そのことにこだわる児童もいる。こうした傾向も認めながら，読書のジャンルを広げていく工夫を学校司書と連携して行う。

②国語教科書には，単元ごとにその単元の教材に関連する本の紹介コーナーがあるため，ここで紹介されている本を積極的に取り上げ，担任が紹介することで，児童に興味・関心を持たせる（継続する）。説明文教材も増えることから，関連する様々な分野の本を取り上げる。

③読み聞かせ・ブックトーク・教材文と並行して読むことなどを大切にして指導する。

☆教師が児童の読書範囲を広げ，読書量を増やしていく構えが重要。

(2) 集中的に読む時期・時間を設定する。

①朝の時間・昼休み・隙間の時間・雨の日読書・図書の時間等で，読む時間を保障する（継続する）。

②読書月間・読書週間等を利用して，目標をもち集中して読書する時期をつくる。

③夏休み前等，長期休業前に課題図書・お薦め図書等の紹介（ブックトーク）を集中的に行う（家庭にも伝え，親子読書等を呼びかける）。

(3) 教科等の指導に応じて，情報活用能力を育てる。

①図鑑・百科事典・地図帳等の目次・索引の活用方法を指導する。

②教科書教材と関連させて，国語辞典の活用を習熟させる。（常に調べる習慣）

※辞書を扱えない中・高生が増えている。3年の指導が基本。教科書教材を指導して終わりではなく，少なくとも2ヵ月は毎日国語辞典を引いて意味等を調べる経験を積み重ねることが重要。(4年生でも指導)

③社会科教科書と関連させて，地図の記号・方位等が使えるようにする。

④実験・観察結果の記入，算数の式の意味の説明，段落の要点，調べて分かったことのまとめ，インタビューの仕方，見学等の記録など，各教科等の指導の中で，書く技能の基礎を培う。

※読んだら書く・調べたら書く・見学したら書くことを重視する。

◇タブレットPCのローマ字入力を指導する。

7　4年生の読書指導
(1) 自分の読書傾向に気付き，読書の目標をもち，読書の幅を広げる。
①年度当初から読書記録を記入する習慣を身に付けさせる。読書記録カードは，学校司書と打ち合わせ，記録しやすく読んだことが励みとなるよう工夫する。読書記録カードには，担任のコメント欄を設定。

②個に応じた読書指導のために，読書履歴の活用等について学校司書との連携を深める。引き続き，国語教科書各単元末の本の紹介を継続する。

③6月の読書月間等で，これまでの自分の読書を振り返らせ，読んでいない分野の本にも興味・関心をもたせる（読書目標をもたせる）。（学校司書に相談させる・専科教員や学年の先生に聞く等を含む）。

※集中的に読む時期・時間を設定することは，引き続き重要。この時期に集中的に読み，面白さや知的な満足感を味わうことが，読書習慣の形成に繋がる。

④夏休み前など長期休業前に，これまでの読書を振り返り，長期休業中の読書目標をもたせて，読書範囲の拡大を図る。（ブックトークを行い，教師の読書体験を伝える。また，読書履歴・読書記録を保護者にも伝え，親子で目標をもつようにする等の工夫もよい）

◇調べる学習が増えるため，「読書」は物語を読むことだけではないこと，情報を集め調べることも読書であることを指導する。（読書記録カード）

(2) 情報活用能力の育成
①漢字辞典の使い方を習熟させ，国語辞典・百科事典の活用と併せて調べ記録することを重視する。（漢字の成り立ち・熟語・ことわざ）

※読書中に分からない言葉・表現に出会ったときに，すぐ調べる習慣を付けること。

②引用と要約，課題を決める方法や調べる方法，付箋紙の活用，情報の整理の仕方やまとめ方等について，教科等の学習と関連して指導する。

③報告文・記録文・小論文等，文章には様々な形があることを指導する。

④課題解決のために調べたことをまとめたり伝えたりする方法を指導する。
（新聞・1枚模造紙・リーフレット・小論文・タブレットPC等）

⑤タブレットPCの入力・検索・文章作成等の技能の習熟を図る。

⑥「小学生新聞」などから，様々な情報を得ることができる点に気付かせ新聞を活用する技能の基礎を培う。

小学校学習指導要領（平成29年度告示）解説・国語編・第3学年及び第4学年（一部抜粋）
<u>B 書くこと</u>
　ア　相手や目的を意識して，経験したことや想像したことなどから書くことを選び，<u>集</u>

めた材料を比較したり分類したりして，伝えたいことを明確にすること。
　　ウ　自分の考えとそれを支える理由や事例との関係を明確にして，書き表し方を工夫す
　　　ること。
〈言語活動例〉
　　ア　調べたことをまとめて報告するなど，事実やそれを基に考えたことを書く活動。

C 読むこと
　　ア　段落相互の関係に着目しながら，考えとそれを支える理由や事例との関係などにつ
　　　いて，叙述を基に捉えること。
　　ウ　目的を意識して，中心となる語や文を見付けて要約すること。
　　カ　文章を読んで感じたことや考えたことを共有し，一人一人の感じ方など
　　　に違いがあることに気付くこと。
〈言語活動例〉
　　ウ　学校図書館などを利用し，事典や図鑑などから情報を得て，分かったことなどをま
　　　とめて説明する活動。

Ⅱ 指導事例

1 読書感想文を書こう（3年） 　　　　　　　　　　6〜7月指導

○教科書に掲載されている読書案内等の本を確実に紹介しておく。

1 目　標
- ○読書月間で読書の幅を広げ，多様な本を楽しんで読もうとする。
- ○面白かった本から一番強く印象に残った本を選び，場面と登場人物の言動の変化から自分の考えをまとめる。

2 学校司書と担任の連携ポイント
①読書月間で，読書量を増やし読書の幅を広げるために，学校司書との連携を深めてこれまでの読書履歴を調べ，個別指導に活用する。
②個々の興味・関心に応じた適時・適切な本を手渡すための工夫を行う。
③読書月間中に，読み聞かせ・ブックトーク等を意図的・計画的に実施し，図書の時間や朝読書等で児童が読みふける時間を確保する。
④おもしろい・不思議だ・感動した場面を抜き書きしたり，付箋紙を活用したりするための準備・指導を協働して行う。
⑤読んだ本の中から強く印象に残った本を選び出すために，読んだ本を振り返り再読することに備える。
⑥その学年の読書感想文入選作品を複数準備し，必要に応じて印刷配布するなど分担して指導する。
※読む過程で，分からない言葉等を調べられるように，国語辞典を用意しておく。
※日常的に本を手に取ることができるようにするために，公共図書館の集団貸出も含めてブックトラック等を活用し，学級文庫を整備しておく。

3 学習の流れ「5時間扱い」
（○指導のポイント　●学校図書館利活用のポイント　☆交流のポイント　△指導形態・方法）

---

1 つかむ（1）
○読書感想文入選作品を聞きながら読み，感想を伝えようとする意欲を高め，感想文の書き方の工夫を知る。
・題名や描き方の工夫，考えをまとめるための視点等に気付かせる。
・付箋紙の活用やメモについて知る。
※以下の△等はカットしてよい。
△『うさぎのさいばん』（例示：他の作品でもよい）を読んで，おもしろいと思った言葉や場面を

☆黒板（電子黒板・タブレットPC，例示は縦書きだが横書きも可）

```
┌─────────────────────────────────────────────────────────┐
│  ふせん紙のつかいかた    強く心に残った本を選ぶポイント    読書感想文入選作品に学ぶ    全 体 構 想 図        │
│   色で区別              おもしろいぞ                      ○感想文のよい点          読書感想文を書こう      │
│    赤 黄 青             すごいなぁ                       一                                          │
│   メモ・小見出し・       ふしぎだ                        二                                          │
│   一言感想を            悲しいなぁ                       三                                          │
│   書いてもよい          なるほど                        四                                          │
│                       やさしいな・つよいな                 五                                          │
└─────────────────────────────────────────────────────────┘
```

　伝え合う。
・言葉や場面を書き出す（理由・メモ）
☆書いたものを基にペアで伝え合い，気付いた点を書き加える。
△書き加えたものを，文章にする。
・友達の発表を聞き，自分の文章を修正したり付け加えたりする。
※400字以内の文章でよい。

2　つかむ（2）
○読書月間中に読んだ本の中で，強く印象に残った本や先生等からすすめられた本を読む。
・おもしろいところ，考えさせられたところ，感動したところ，疑問に思ったところ等の場面や言葉・行動・会話など大事だと思う点に，付箋紙を付ける。
　（付箋紙にメモを加えてもよい）
※読み取る視点はワークシート等で示す。
※時間を十分確保する。
○再読して，理由を明確にしたり，付箋紙に書き足す等付け加えを行う。
　（時間がなければ，付箋紙部分だけを読む）

────1，2を1時間で指導────

3　調べる（1）
●付箋紙を付けた場面や会話等について，意味の分からない語句・表現などを調べたり吟味したりする。
・意味が分かったら，書き出しておく。
・付箋紙を付けた場面・会話等の前後の文章と合わせて読み，確認する。
○ワークシートの視点を確かめ，不足している点を，付け加える。
○疑問や想像したことについて，自分なりの考え（予想）を書く。

3　調べる（2）
○作者の思いや考え・伝えたいことが分かる場面や文章を探す。
○題名との関連を考える。

・予想した場面・文章を書き出す。
○作者の考え等について，自分の考えを書き出す。
・理由や根拠を明確にさせる。
・自分の経験等と比べさせる。

――――3，4を1時間で指導――――

5　まとめる（1）
○付箋紙を全て並べ，付け足すことがないか確認する。
○感想文を書くための構成を考えて，付箋紙を並べる。
・自分の考えや思いが伝わるか，確かめる。
●3の①で使用した読書感想文の構成と比べさせる。
●文と文をつなぐ言葉や段落の構成，順序等に注意して読ませる。
●作者の思い・考え等について，どこでどのように述べているか，着目させる。
○感想文の構成を決めて，付箋紙を並べる。
※ここまでを早く展開する。

6　まとめる（2）
○並べた付箋紙をもとに，書き出しの文を考えて書く。
●「ぼくは～」「わたしは～」「この本を読んで～」等を書き出しに使わないようにさせる。
●自分が一番強く感じたことから書き始めるとよい等に気付かせる。
●つなぎ言葉，段落のまとまりを意識して書くよう助言する。
○書き出しの文ができたら，付箋紙の内容を確かめて，全文を書く。（一次原稿）

――――5，6を1時間で指導――――

7　伝え合う（1）
○前時に書き終えない場合，書く時間を入れる。

○読書感想文を書き上げる。
○書き終えた児童から，推敲する。
●読み直す（推敲）の視点をワークシート等で明示する。
・一文が長い場合は，2～3に分けるとよいことに気付かせる。（助言する）
●より詳しくする方がよいところがないか，見直す。
・3年では，黙読して見直した後で，音読させて確かめさせる。
●感想文の題名を工夫させる。（考えの中心を伝える）
○二次原稿

8　伝え合う（2）
○作者の思いや考え・伝えたいことについて，自分の考えが明確になっているか確かめる。
○読書感想文を発表する。
・文章のよい点を注意して聞くようにさせる。
読書感想文の題名は，自分の感想の中心が分かるように表現させる。
　「～を読んで」にしないように。
●読書感想文集をつくる。

――――7，8を1時間で指導する――――

4　指導資料

(1) 付箋紙の活用

①小さい付箋紙は色別に活用させる。（色の約束を決めておく）

　　　赤……おもしろい

　　　黄……感心・感動

　　　青……疑問・調べたいこと等

　　　※一言，書き入れてもよい。

②少し大きい付箋紙

　・一言感想，メモ，小見出し等記入（色別に使ってもよい）

③大きな付箋紙

　・付箋紙のまとまりの見出しに使う

　　（まとまりごとに使う）

☆付箋紙は，順序やまとまりを考えて並べたり，構成の工夫のために使う。

　（情報の整理）

☆話し合いや調べたことをまとめる。

●まとめ，整理する場合に，模造紙等台紙が必要になる。

※情報活用能力育成のため，3年では確実に指導すること。

(2) 読み取る視点（付箋紙・ワークシートに応用）

①自分と似ているところ，違うところ

②かわいそうだと思ったところ（おもしろいと思ったところ）

③おどろいたところ

④何故？ふしぎだなと思ったところ

⑤初めて知ったというところ

⑥いいなぁ，真似したいなというところ

⑦登場人物が言うことや行動の中で，心に残った言葉や文章

⑧もっと知りたい，続きは？というところ

⑨真似したいなと思うところ

※できる限り，理由・根拠を付ける。

●作者が一番伝えたいことは？

○絵や写真等を見て，気付いたことも加えてよい。

○この本を読もうと思ったきっかけ。

○読み終えてから，題名について考えたこと

○作者が伝えたかったことは？

●一番心に残った場面・事柄・行動を紹介しよう。

※メモの視点としてもよい

(3) 読書感想文の構成

○ はじめ　　→　　なか　　→　　終わり
　（きっかけ）　　（心に残ったこと）　　（読む前と後で考えが変わったことなど）
・表紙，題名を　　　・くわしく　　　　　・自分の考え
　見て思ったこと　　　　　　　　　　　　・これから生かしたいこと

☆ 付箋紙を並べ替えたりして，書く順序を工夫する。
☆ 読書感想文入選作品等を参考に，構成を工夫する。

(4) 書き出しの工夫

● 書き出しの3～5行が極めて重要

① 自分の感想や体験から，書き始める。（読み終えた時を思い出すように）。
② 本の中の強く心に残った言葉・文から書き出す。
③ 家族の感想等や友達との交流から会話文で。
☆ 本を選んだ理由・きっかけから書き始める。（本の題名・表紙の絵など）
※ 自分の感想・考えを理由を含めて明確にさせておく

【終わり・結び】

○ 自分の考え・感じ方が変わったこと，新しい自分について，背伸びしないで素直に。

読書感想文を書こう（3・4年）　　　　学校司書の教育的支援

1　目　標

○ 学校司書として学校図書館の利活用を促し，読書感想文を書く学習に有効適切な支援を行う。

2　担任と学校司書の連携ポイント

① 新学期開始時から学級担任と連携して，朝読書・図書の時間・読書月間（読書旬間）に読み聞かせやブックトークを行い，より多くの本と出合わせる。
② 司書教諭や学級担任と連携し学校図書館オリエンテーションをする。
　本の扱い方や貸出・返却方法など，学校図書館の基本的な利用指導をし，本に親しむ態度を育成する。
③ 課題図書の購入を手配し，各学級への貸出準備をすすめる。
④ 読書月間（旬間）の機会に読書活動の充実を促していく。この時期に読書感想文のための本の選定をする。
⑤ 読書感想文の書き方を指導する際には，過去の入選作品やその関連図書を紹介して活用する。
⑥ 夏休みの図書館開館日及びサマースクールなどでは，選書の相談や資料の提示を行う。

3　学習の流れ（支援のポイント）

> 《準備》
> 付箋紙（数種類），ワークシート，過去の課題図書，入選作品（対象図書も）

①過去の入選作品と対象図書を紹介する。
②学級担任と連携し付箋紙の使用方法を支援する。
③家庭での読書活動支援のためにや学校選定の推薦図書リストなどを紹介する。

4　指導準備

	時期	具体的な内容	学校司書の活動
指導開始	4月～	朝読書・図書の時間を活用して読み聞かせをする。 簡単な感想を書かせる。 学校図書館オリエンテーションを実施する。	
	4月下旬 5月中旬	教科書に出てくる本の紹介など。	図書予算確定 課題図書の発注納品後，各学級へ貸し出し準備
集中指導	6月 読書月間	学年便り・図書館便りを活用し家庭読書の推進を図る。	
	7月	読書感想文への取り組み ・児童への指導，アドバイス ・保護者会で家庭の支援を依頼	学校選定図書リスト，その他の推薦図書リストの準備 図書選定の支援
個別指導	9月	個別指導 過去の入選作品を参考に題名の工夫など	
提出	10月中旬	審査へ提出	
募集要項	中学年 1200字以内（題名・学校名・氏名は字数に数えない） （応募用紙を添付）		

5　指導資料及び解説

◎読み聞かせのコツ
①読み聞かせの対象者が椅子に着席している場合，読み手は立つ。
②対象者が床に座っている場合は，椅子に座って読み聞かせを行う。
③読み聞かせに使用する本は何回か開閉をし，片手で持った時に持ちやすいように準備する。
　横書きの本は右手で持ち，左手でページをめくる。

6 ブックリスト（過去の課題図書・国語科教科書）

	NDC	書名	著者名	出版社	発行年	あらすじ
読書感想文入選作品＊（自由読書の部）	576	いっぽんの鉛筆のむこうに	谷川俊太郎 文	福音館書店	1989	作品名「えんぴつってすごい」毎日使っている鉛筆ができるまで。写真絵本。
	913	かあちゃん取扱説明書	いとうみく 作	童心社	2013	とうちゃんが「かあちゃんは，ほめると機嫌がよくなる」って。取扱説明書を作ってみることに…。
	E	今日からは，あなたの盲導犬	日野多香子 文	岩崎書店	2007	盲導犬歩行指導員，盲導犬を育てる人を写真絵本で。
過去の課題図書	933	さかさ町	F・エマーソン・アンドリュース 作	岩波書店	2015	レストランの食事はまずデザートから…なんでもさかさま，さかさ町。
	518	コロッケ先生の情熱！古紙リサイクル授業	中村文人 文	佼成出版	2015	「紙はごみじゃない！」古紙リサイクル業の社長が子どもたちに環境授業。
	913	かぐやのかご	塩野米松 作	佼成出版	2014	くやしい！言いがかりに涙する主人公。竹カゴ作りのおばあさんとの交流による心の成長。
	E	ちきゅうがウンチだらけにならないわけ	松岡たつひで 作	福音館書店	2013	生き物の排泄物は必ず何かの役に立っている。人間はどうだろう。
	943	ただいま！マラング村	ハンナ・ショット 作	徳間書店	2013	アフリカのキリマンジャロのふもとの村に生まれ4歳で兄とはぐれ路上生活者となったツソ。実話。
	913	ココロ屋	梨屋アリエ 作	文研出版	2011	ぼくは今日も先生にしかられた。ココロ屋の「やさしいココロ」とぼくのココロを取りかえてみると…。
教科書掲載等	E	わすれられないおくりもの	スーザン・バーレイ さく・え	評論社	1986	動物たちが，アナグマの残してくれたものを語る。
	911	金子みすゞ詩の絵本ふしぎ	金子みすゞ	金の星社	2005	詩集
	943	火のくつと風のサンダル	ウルズラ＝ウェルフェル 作	童話館出版	1997	父との二人旅で自己肯定感が向上。

＊『考える読書―青少年読書感想文全国コンクール入賞作品集―』（毎日新聞出版）による。4月に前年度分が出版される。

2 調べる学習をしよう（3年） 　　　　　　　　6～7月指導

○町探検や身近な町の様子の見学を通して，社会科学習で興味・関心を持ったことから学習問題を作り，協働して問題解決に取り組む。

1 目標
○学習や生活の中で詳しく知りたいことを見付け解決しようとする。
○詳しく知りたいことから問題を作り，見学・観察・インタビューや図書館資料等を使って調べ，事実を基に自分の考えをまとめ，伝え合うことによって，自分と異なる考えの良さに気付き考えを深める。

2 学校司書と担任の連携ポイント
①地図記号・地図の色分けや用語・方位等の指導に必要な図書館資料の準備等を検討する。
②国語辞典の使い方と付箋紙の活用の仕方の指導分担を行う。
③学習問題（課題）を絞り込むためパンフレット・リーフレット・広報誌等を事前に準備するとともに，その見方や活用の仕方について分担して指導できるよう打ち合わせをする。
④情報ファイルの活用の仕方を必要に応じて分担して指導する。
⑤分かったカード等への記入の仕方，整理の仕方等について学習過程に即し分担して指導を行う。
⑥インタビューの仕方やその記録の仕方についてワークシート等を準備して指導する。
⑦その学年の「図書館を使った調べる学習コンクール」入選作品を複数準備し，必要に応じて参照させて興味の関心をもたせるよう指導する。

3 学習の流れ「7時間扱い」
（○指導のポイント　●学校図書館利活用のポイント　☆交流のポイント　△指導形態・方法）

1　つかむ（1）
○社会科教科書から，学習問題の作り方・調べ方・まとめ方・伝え方を知る。
○方位や地図の見方を知り，自分の住んでいるところから学校までの簡単な地図を作成する。
△居住地が近くの児童でグループをつくり，より分かりやすい地図の作成の方法を考える。
●広報誌・パンフレット等の地図を比べる。
※目的に応じて，地図の書き方が異なることを理解する。自分で地図を書くことで，必要な記号等があると便利なことに気付くようにする。

2　つかむ（2）
○社会科副読本から，区市の様子について，地図・写真等を見ながら，前時の学習を生かして学習問題を作る。
○気付いたこと，疑問に思ったこと，詳しく知りたいことをできるだけ多く書き出すようにする。
※いろいろな思考ツールを使う。

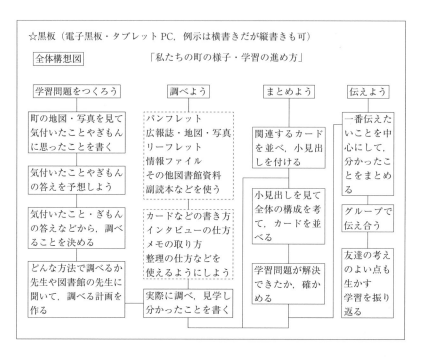

- 気付いたこと，知りたいことを広げる。
- ・ウェビング，太陽チャート
- 知りたいこと等を整理する。・KWLシート
- 仲間分けして考える。・Xチャート，Yチャート
- 絞る。・3点決め，ペンタゴンチャート
- ○「なぜ，～なのか」と疑問文で。
- ○調べる計画を作る。

3 調べる（1）
- ○テーマに応じた図書館資料・情報ファイル・広報誌等から3～4冊選び，読みながら大切なところに付箋紙を貼る。
- 大切なところをカードに書き抜く。
- ※ここが「事実」・「理由」になることに気付くように指導する。
- 絵・図・写真等からも，分かることがないかを考えさせる。
- カード1枚に1つだけ記入させる。
- ○調べたことから，学習問題の解決に必要な情報が集まっているかを考えさせる。
- 情報カード・まとめカードを準備する。

4 調べる（2）
- ○調べたことから，分かったことを書き出す。
- 調べたこと・分かったことを分類整理させる。
- ※関連するものを1つのまとまりとして並べる。
- ※分類ごとに，小見出しを付けて分かりやすくする。
- 調べて分かったこと，気付いたこと，さらに詳しく調べたいことに整理する。
- 分かったことから，学習問題が解決されたか判断させる。（課題別グループで話し合わせても良い）
- ※実際に見学する必要のある場合は，なぜ見学が必要なのか，理由を書き出す。（見学の視点を明

確にさせる)
5　調べる（3）見学しない場合は→まとめを
○見学して，実際に見て学ぶ。
●必ず，何を見るのか，何を知りたいのか，その理由はという点を明確にする。
※デジタルカメラを準備する。
※インタビューの仕方，メモの取り方を事前に指導する。
※インタビューの質問項目を用意する。
　（同じ質問を繰り返さない）
※見学は時間をかけずに実施する。
※見学後，すぐに分かったことをまとめさせる。
●これまでに調べたことと見学して分かったことを整理して，結論と理由を書き出す。
・くま手図等を使って整理させる。

6　まとめる（1）
○調べてきたこと，分かったこと（見学も含めて）から，結論を書き出す。
○結論を書くことができた児童は，図表・地図・写真等を活用できるか考える。
○学習問題と結論からノートに書き出しまとめる。
※事実と理由，自分の考えとその根拠を明確にさせる。

●書きやすいように，ワークシートを準備し，記入してもよい。

7　伝え合う（1）
○前時に書き終えない場合，書く時間を入れる。
○必要な修正を加え，全文を書く。
●読み直す：推敲の視点をワークシート等で明示する。
・一文が長い場合は，2～3に分けるとよいことに気付かせる。
○発表メモを作成する。
※結論とそれを支える根拠，調べて分かった事実，調べる学習の感想等。
8　伝え合う（2）
○自分の考え・まとめ・提案等が根拠を含めて明確になっているか確かめる。
○グループ内で発表する。
※考えとその根拠に注意して聞く。
※自分のまとめに足りない点があれば，付け加える。
○完成した作品は，掲示したりして他学級とも交流できるようにする。
　　　　　　　――7，8を1時間で指導する――

4　指導資料

(1) 付箋紙の活用

①小さい付箋紙は色別に活用する。
（色の約束を決めておく）
　　赤……疑問，調べたい点への答え
　　黄……事実となる点，事例
　　青……疑問，調べたいこと　等

※一言，書き入れてもよい。
②少し大きい付箋紙
　　・一言感想，メモ，小見出し等記入
　　　（色別に使ってもよい）
③大きな付箋紙
　　・付箋紙のまとまりの見出しに使う
　　　（まとまりごとに使う）
☆付箋紙は，順序やまとまりを考えて並べたり，構成の工夫のために使う。
　（情報の整理）
☆話し合いや調べたことをまとめる。
●まとめ，整理する場合に，模造紙等台紙が必要になる。
※情報活用能力を育てるため，3年で確実に指導すること。

(2) 思考ツール
○学級の実態を踏まえ，学校司書と打ち合わせの上で，どのツールを使うか決定し，図で用意しておくこと。
①知りたいことを広げる。
　　・ウェビング　　　・太陽チャート
②テーマを絞る。
　　・3点決め　　　　・ペンタゴンチャート
③知りたいことを整理する。
・KWLシート

知りたいこと（K）	学んだこと（L）	もっと知りたいこと（W）

④見方や考えを明確にさせたいとき。
　　・くま手図

(3) 調べた結果の構成
①話題提示（といかけ・自分の考え）※結論

②事実①（根拠）┄┄┄「自分の考え・反対の意見を予想した自分の考え」としてもよい。そ
③事実②（根拠）┄┄┄の場合は，事実がこの後に。
④自分の考え・反対の意見を予想した自分の考え
⑤まとめ
☆付箋紙を並べ替えたりして，書く順序を工夫する。
☆学習問題とその設定の理由を必ず入れる。
☆地図・図表・写真等や調べる計画も入れる。

(4) 発表メモの工夫

①「私は，〜について調べました。そのわけは，〜だからです。」
②「調べてわかったことは，〜です。この考えは，3点の事実・見学から学んだものです。」
③「1点目は，〜という事実からです。」「2点目は，〜ということから，〜ということがおき
　ているからです。そのことから，〜が分かります。」
④「3点目は，見学して〜ということに気が付きました。だから，〜ということもあるのでは
　ないかと思います。」
⑤「調べていて気付いたことは，〜ということでした。」
⑥「調べたことの感想は，〜です。」
　以上で，発表を終わります。

調べる学習をしよう（3・4年）　　　　　　　　　学校司書の教育的支援

1　目　標
○学校司書として学校図書館の利活用を促し，調べる学習をとおしてテーマにせまる探究方法
　と論理的な文章表現を学ぶ支援を行う。

2　担任と学校司書の連携ポイント
①司書教諭を中心に指導方針の共有化を図る。「図書館を利活用した調べる学習」のレポート
　作成を目指し，指導の時期などを確認する。
②各自のテーマ設定について，司書教諭・担任・学校司書とで適切な方法を事前に協議する。
　テーマ設定が最重要課題であることを共通理解し，テーマの変更にも柔軟に対応する。
③図書館資料を活用し，児童に調べる学習を体験させる。
④レポートの作成形式が決められていれば，その形式を伝える。すぐれた作品を提示しイメー
　ジの醸成を支援する。
⑤夏休みに向け家庭の協力と支援を要請する。

3　学習の流れ

> 《準　備》
> 付箋紙（色別，数種類），シンキングツール，情報カード，関連図書館資料，過去の入選作品

①テーマの選定
- シンキングツール（太陽チャート・イメージマップ・ウェビング・マンダラートなど）を使用して，調べる学習のテーマを決める。
- 決めたテーマに沿って関連図書を探す。必ず複数の図書館資料を使用する。2冊以上の資料がない場合はテーマの変更も可能なことを伝える。

②テーマに沿った資料から情報カードを作成する。
- 調べたことを書き写す際の「引用」や「要約」について支援する。
- 奥付を使用した参考資料の書き方を支援する。

③すぐれた作品の準備。レポート作成のポイントなどを支援する。

4　指導準備

	時期	具体的な指導内容	学校司書の活動
指導開始	4月下旬	司書教諭が中心となり校内での指導方針の共有化を図る	マッピング，チャート図など思考を助けるツール，及び すぐれた作品の準備 関連図書館資料の準備
集中指導	6月〜	調べ学習の体験 ・テーマの設定 ・情報カードの使い方指導 ・関連図書資料の探し方	
個別指導	9月	魅力的な題名の付け方 作成形式の確認	
提出	10月	地域コンクールまたは全国コンクール応募	
募集要項		【図書館を使った調べる学習コンクール】 公共図書館や学校図書館を使って調べ，まとめた作品 ［サイズ］　　小学生　B4サイズまで ［ページ数］　1ページ以上50ページ以内 　　　　　　　表紙・目次・参考文献一覧は含まない ［参考文献一覧］調べた時に使用した資料名および図書館名を必ず書くこと。集めた情報をまとめた資料集を，別冊として添付することもできる。	

5　指導資料及び解説

①シンキングツールを使い調べるテーマを考える。関連する言葉・疑問点などを書き込み，テーマを焦点化する。

②付箋紙の活用　本に印をつけるために使用する。色別に記入内容を決めておく（黄：事実，

　　　　　　　事例　青：疑問点　などクラスや名前も記入するとよい）
③情報カード　普段の授業においてもカードの記入方法を練習する。要約・引用の方法を指導
　　　　　　し，短い文章で相手に伝わるよう工夫する。
　　　　　　情報源により「本」「インターネット」「新聞」「聞いたこと，体験したこと」
　　　　　　等の種類（色別）に書きわけられるよう準備する。

シンキングツールと情報カードの例

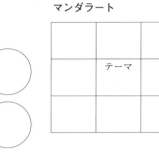

太陽チャート　　　マンダラート　　　情報カード

　チャートを使い，テーマに関して何を知りたいかを考えてみる。
　テーマについて，いつ・誰が・何を・どこに・なぜ・どうやって，（5W1H）を考えてチャートに書きこみ，疑問点を可視化する。
　調べたことを情報カードに書き込む。
　複数の情報カードを活用し，レポートの作成に役立てる。

【参考資料】
『学びかた指導のワークシート』全国学校図書館協議会編（2007）全国学校図書館協議会
『入門　情報リテラシーを育てる授業づくり』鎌田和宏（2016）少年写真新聞社
「調べるために必要なスキルとは？」熊谷一之（2017.7）『学校図書館』通巻第801号　全国学
　校図書館協議会

3　手紙文（読書感想）指導（3年）　　　5月指導

○これまで読んできた絵本を振り返り，学年に相応しい絵本を選び，相手を想定して手紙を書くことにより，自分の考えを明確にする機会とする。

1　目　標
○ブックトークを聞き，新しいジャンルの絵本を読もうとする。
○手紙を書くに当たって必要な事柄を知るとともに，絵や文章をより深く味わい，そこから学んだことを手紙にまとめることによって自分の考えを深める。

2　学校司書と担任の連携ポイント
①自分が楽しんだ絵本について知らせる手紙を書こうとする意欲を高める。
②国語辞典の使い方と付箋紙の活用の仕方の指導分担を行う。
③国語教科書の発展として指導するため，読書案内や本の紹介に出てくる本を手掛かりにしながら，手紙が出てくる絵本を紹介して興味・関心をもたせる。また，こうした絵本をいつでも読めるように環境を整える。
④手紙作文コンクール等の入選作品の紹介ができるよう準備する。必要に応じて印刷して配布できるようにする。
⑤絵と本文を十分に味わえるように，提示や読み聞かせの方法を工夫する。
⑥様々なジャンルの絵本に触れる機会とするとともに，読書感想文作成の初歩的な指導を行う。

3　学習の流れ「7時間扱い」※指導計画は，4時間扱い等に短縮して指導してよい。
（○指導のポイント　●学校図書館利活用のポイント　☆交流のポイント　△指導形態・方法）

1　つかむ（1）
○国語教科書から，手紙文の形式や必要な事柄を指導する。
●色別の付箋紙や簡単な感想メモが書き込めるワークシートを用意する。
○2年生のときに読んだ絵本の中から，一番おもしろかった絵本・一番心に残った絵本を選んで，読み返すようにする。
※2回ほど，読むようにする。
※表紙・題名，絵にも注目する。
※2年生で読んだときと，今回読んだ感想を比べる。
○ワークシートに，感想を短く書き込む。
※書き込みから中心が明確になっているか，確かめる。
2　つかむ（2）
○前時に記入したワークシートから，絵本を読むときに注意して読むところを見付ける。
※同じ絵本を選んでいる児童同士で，メモの内容を交流させてもよい。
☆絵本を選んだわけや一番心に残ったことが明確になっているかを注意する。
※絵にも注目するなど，注意して読み取る点を全員で確認する。

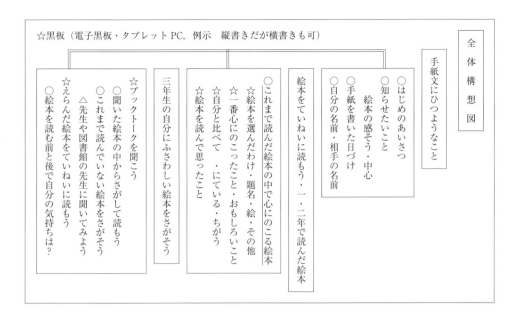

○学校司書から「手紙」が出て来る本の紹介を聞く。
※手紙に込められた筆者の思いに気付かせる。
●手紙作文コンクール等の入選作品の紹介を聞く。
○誰に手紙を書くか，明確にする。

3　調べる（1）
○学校司書のブックトークを聞く。
※『ピーターのてがみ』（例示・他の作品でもよい）をはじめ，「てがみ」が出てくる絵本を紹介する。
※同じ作者の絵本の中から，3年生に相応しい絵本も紹介する。
○紹介された絵本を中心に，読みたい絵本を見付ける。
●絵本の選定に迷う児童には，担任と学校司書が個別支援を行う。
※児童の読書履歴を把握しておく。
○選んだ絵本を繰り返し読む。
●3年生に相応しい絵本となっているか確認する。
※読む絵本のジャンルの広がりと質の両面を押さえる。

4　調べる（2）
○読み取った内容について，ワークシートに書き込む。
※再度，絵本を読ませてからでもよい。
●「どうしてその絵本を選んだのか」
　（その絵本との出会いのエピソード）
　「一番心に残ったこと（場面・主人公の言動等）」
　「絵本を読む前と後で，自分の中で変わったところに気付かせる」
※表紙の絵と題名（書名）に注目させる。
※「このようになりたい」という思いを大切に。
※絵本の種類により，「分かったこと」が中心になる場合がある点に注意する（事実と考え）。

5　まとめる（1）

○ワークシートを読み返し，詳しくするところや足りない部分がないか見直す。
● 手紙の構想ワークシートを準備する。
※この段階で書けない児童には，選んだ絵本が相応しいか確かめて，個別支援を行う。
　（再度，絵本を選ばせてもよい）
○手紙構想ワークシートに，記入する。
● 絵本を読んだ感想ワークシートの中から書き抜くようにさせる。
※1つの文章を短く書く。長い場合は，1つの文章に複数の内容が入っているため，幾つかの文章に分けさせる（その方が詳しくなる）。

6　まとめる（2）
○手紙構想ワークシートを基に，手紙を書く。
※「つなぎ言葉」を入れる。
※段落に注意させる。
● 書き終えた後で，再度読み返し，加除訂正させる。特に，書き出し部分と終わりの部分について工夫させる。
● 自分の経験と比べることや，自分の気持ちが変わったところ等について，伝わる文章になっているかを推敲させる。
※推敲の段階で，再度絵本を読み返すようにするとよい。

7　伝え合う（1）
△同じ作者の絵本を選んだ児童や同じ絵本を選んだ児童でグループを構成し，手紙文について交流する。※生活班でもよい。
● 手紙文の良い点に付箋紙を貼るようにさせる。
※友達の付箋紙等から，気付いた点を書き加えさせる。
● 自分の伝えたいことが，はっきり分かるように書かれているかを確かめさせる。

8　伝え合う（2）
※学習した漢字が使えているか，送り仮名は正しいか，文章表記に間違いがないかなどを点検させる。
● 国語辞典を使うようにさせる。
○心を込めて清書する。
○手紙文集をつくる。

4　指導資料及び解説

(1) 感想ワークシートの視点

①表紙の絵と題名などを参考にして，この絵本を選んだわけ。

②はじめ・なか・おわりにわけたかんたんなあらすじ。

③主人公の言葉や行動で，一番強く心に残ったこと。

④主人公の行動や周りの人々の言葉などから，疑問に感じたこと。

⑤自分と主人公を比べて。

　・似ているところ

　・似た体験

　・違うところ

⑥今まで読んできた絵本と比べて。

⑦この絵本から気付いたこと，考えたこと。

⑧例えば，友達や家の人に伝えるという目的を明確にする。

(2) 手紙構想ワークシートの視点

「はじめ」
○題名（表紙）から，想像したこと。考えたこと。
○この絵本を読んだきっかけ。
※「会話文を冒頭にして，簡単なあらすじから書き出す」方法もある。

「なか」（③〜⑥の部分で構成）
○一番強く心に残ったこと。
○そのことから思ったこと，考えたこと。
○自分と比べて。
　・似ている点や違う点から。
○疑問に思ったところと自分の考え。
○笑ったところや面白かったところ。

「終わり」
○この絵本を読んで，気付いたこと，考えたこと。
○誰に伝えるかが，明確になっているか。
※絵の描き方（色・場面の切り取り・表情等）について感じたこと。今まで読んできた絵本と比べて感じたことなども入れる。

(3) 紹介する絵本についての視点（読書の幅を広げ質を高める）

○3年の学習との関連を図る。
○自然科学や世界の様子などの絵本を紹介。
○教科書の読書案内・本の紹介等で紹介されている絵本や，各自治体の推薦図書の絵本等。
○特に，社会科・理科の学習が始まることや，男子の興味・関心が科学的なもの等に移行することを踏まえる。
○先人の業績等，人間の生き方に触れる作品の紹介。
● 『はしれ！　ちんちんでんしゃ』（東京都電　荒川線）
　後藤英雄さく，小峰書店　※区市に関連する絵本等があれば紹介する。

(4) 書き出しの工夫の視点

○「わたしがこの絵本を選んだ理由は，『　　』というタイトルがおもしろかったからです。」
　〜

- 「ぼくは,『　　』という絵本を読みました。アフリカの男の子のお話です。」〜
- 「『　　』という絵本は,よい友達とはということについて考えさせられます。」〜
- 「『　　』と○○がさけんだのは,びっくりしました。とても勇気がいると思うからです。」
- 「ぼくは『　　』という絵本を読みましたが,○○さんに,聞いてほしいことが出てきました。それは〜ということなのです。……」

※書き出しの部分の工夫だけをグループで交流すると,より多様な表現がうまれる。
※国語辞典には,手紙の書き方についての説明が掲載されているものもあることを伝える。

4　小論文を書こう（3年）　　　　　　　　　　　　　　6～7月指導

○自然や身近な動植物，社会科等の教科学習で興味・関心をもったことなどのテーマ設定をしておく。（学年でテーマを設定してもよい）

1　目　標
○学習や生活の中で詳しく知りたいことを見付けようとする。
○詳しく知りたいことについて調べ，事実を基に自分の考えをまとめ論理的に表現する。

2　学校司書と担任の連携ポイント
①児童が何を調べようとしているか，学校司書と事前に連携して把握し，個に応じた適切な図書館資料の提供ができるようにする。
②個々の興味関心等に応じた適時・適切な本を手渡すための工夫をする。
③テーマを絞り込むためのツール等を事前に準備するとともに，付箋紙の使い方等を分担して指導できるようにする。
④読書月間で，読書量を増やし読書の幅を広げるために，学校司書と担任の連携を深めてこれまでの読書履歴を調べ，個別指導に活用する。
⑤おもしろい・なぜだろう・詳しく知りたい場面を抜き書きしたり，付箋を活用したりするための準備・指導を協働して行う。
⑥その学年の小論文入賞作品を複数準備し，必要に応じて印刷配布するなど分担して指導する。
※読む過程で，分からない言葉等を調べられるように，国語辞典を用意しておく。
※日常的に本を手に取ることができるようにするために，公共図書館の集団貸出も含めてブックトラック等を活用して学級文庫を整備しておく。

3　学習の流れ「5時間扱い」
（○指導のポイント　●学校図書館利活用のポイント　☆交流のポイント　△指導形態・方法）

1　つかむ（1）
○小論文入選作品を読み，調べたことを伝えようとする意欲を高め，小論文の書き方の工夫を知る。
・題名や描き方の工夫，考えをまとめるための視点等に気付かせる。
・付箋紙の活用やメモについて知る。
・小論文の形式を知る。
「話題提示（結論）→事実（根拠）①→事実（根拠）②→自分の考え→※（反対の意見を予想した自分の考え）→まとめ・提案」
2　つかむ（2）
○読んだ本や，身近な動植物や生活・学習したこと等の中から，さらに詳しく知りたいテーマを決める。
・不思議だと思ったこと，考えさせられたところ，もっと知りたいところ等について，さらに絞り

☆黒板（電子黒板・タブレットPC，例示は縦書きだが横書きも可）

| 全体構想図 | 小論文を書こう | ○小論文入選作品に学ぶ　小論文のよい点 | 一　二　三　四　五 | テーマを選ぶポイント　○○については　なぜだろう　すごいなぁ　くわしくしりたい　知りたい点がはっきりしますか | ふせんのつかいかた　赤　黄　青　色で区別　メモ・小見出し・一言感想を書いてよい |

込み小テーマをつくる。
（チャート図等のツールを活用する）
※「〜について」「和菓子」のようなテーマ設定にしないよう留意する。
※時間を十分確保する。
○テーマを再読して，理由を明確にしたり，付箋紙に書き足すなどの付け加えを行う。
○関連する図書館資料を探す。
―――1，2を1時間で指導―――

3　調べる（1）
○テーマに応じた図書館資料を2〜3冊選び，読みながら大切なところに付箋紙を貼る。
●大切なところを，カードに書き抜く。
※ここが，「事実」・「理由」になることに気付かせる。
●関連するカードはまとめさせる。
○調べて分かったこと，一番大切だと思う点を書き出す。
●情報カード・まとめカードの準備

4　調べる（2）
○調べたこと・分かったこと・一番大切だと思うことから，自分の生活等を振り返り，自分の考え（目標・希望・願い等）を書く。
●事実や理由が明確でない場合は，再度読み直しさせる。
●ワークシート・カードを準備する。
○自分の考えを基にして，改善することや気を付けたいこと，提案等を書く。
●カードの記入は，長い文章にしないようにさせる。
●全てのカードを並べて，書く順番を決める。
―――3，4を1時間で指導―――

5　まとめる（1）
○カードを全て並べ，付け足すことがないか確認する。
※書く順番を確定させる。
●自分の考えや思いが伝わるか，確かめる。
○書き出しの文を工夫する。→結論から書く方法もよい。
●書き出しの文→「話題提示」又は結論。その後に，問いかけ→自分の考えを入れる形式でもよい。
●次に，根拠となる事実を2〜3つ示す。（調べたこと）
●次に自分の考えを書く。（分かったこと）→まとめ
●文と文をつなぐ言葉や段落の構成，順序等を指導する。

6　まとめる（2）
△同じテーマ・似ているテーマでグループを構成し，互いの文章を読み合い，助言しあう。
☆「ぼくは〜」「わたしは〜」「この本を読んで〜」等を書き出しに使わないようにさせる。
☆分かったことや結論から書き始めるとよいなどに気付かせる。
☆つなぎ言葉，段落のまとまりを意識して書くよう助言する。
☆根拠が分かりやすいか，助言する。
○交流したことを基にして，自分の文章を振り返り，気付いたことを書き足す。
※1200字以内で書く。

7　伝え合う（1）
○前時に書き終えない場合，書く時間を入れる。
○必要な修正を加え，全文を書く。
●読み直し（推敲）の視点をワークシート等で明示する。
・一文が長い場合は，2〜3に分けるとよいことに気付かせる。（助言する）
●より詳しくするほうがよいところがないか，見直す。
・3年生は，黙読して見直した後で，音読させて確かめさせる。
●小論文の題名を工夫させる。
　（考えの中心を伝える）

8　伝え合う（2）
○自分の考え・まとめ・提案等が根拠を含めて明確になっているか確かめる。
○小論文を発表する。
・考えや根拠に注意して聞くようにさせる。
題名は，自分の感想の中心が分かるように表現させる。「〜を読んで」にしないように。
●小論文集をつくる。

――――7, 8を1時間で指導する――――

4　指導資料

(1) 付箋紙の活用

①小さい付箋紙は色別に活用させる（色の約束を決めておく）。

　赤……疑問・調べたい点への答え

　黄……事実となる点・事例

　青……疑問・調べたいこと　等

　※一言，書き入れてもよい。

②少し大きい付箋紙

・一言感想，メモ，小見出し等記入
　（色別に使ってもよい）
③大きな付箋紙
　・付箋紙のまとまりの見出しに使う（まとまりごとに使う）
☆付箋紙は，順序やまとまりを考えて並べたり，構成の工夫のために使う。
　（情報の整理）
☆話し合いやしらべたことをまとめる。
●まとめ，整理する場合に，模造紙等台紙が必要になる。
※情報活用能力育成のため，3年では確実に指導すること。

(2) 読み取る視点・聞き取る視点（書くことを大切に）

①自分の考えと似ているところ，違うところ
②自分の疑問への答えがあるかどうか
③知りたいことと関連するところ
④事実・事例が示されているところ
⑤何故？ふしぎだなと思ったところ
⑥初めて知ったというところ
⑦調べて気付いた点や考えが深まった点
⑧自分の考えに根拠・理由をつけて明確にしているか
⑨もっと知りたい，続きは？というところ
⑩真似したいなと思うところや提案したい点
※できる限り，理由・根拠をつける。
　○絵や写真等・図表を見て，気付いたことも加えてよい。
　○一番大切だと思った点が伝えられているか読み返す。
●メモの視点としてもよい

(3) 小論文の構成

①話題提示（問いかけ・自分の考え）※結論
②事実①（根拠）……「自分の考え・反対の意見を予想した自分の考え」としてもよい。そ
③事実②（根拠）……　の場合は，事実がこの後に。
④自分の考え・反対の意見を予想した自分の考え
⑤まとめ
☆付箋紙を並べ替えたりして，書く順序を工夫する。
☆小論文入選作品等を参考に，構成を工夫。

(4) 書き出しの工夫

●書き出しの3〜5行が極めて重要

①自分の考え・調べたことに体験を加え，書き始める。
②結論から書き出す。
③経験やTV・新聞等で話題になっていることから。
※自分の経験・家族の会話から。
※調べた本の文章から。
※自分の感想・考えを理由を含めて明確にさせておく

【終わり・結び】
○まず，調べて分かったこと・大切なこと。次に今後の目標や提案，願いを書く。

小論文を書こう（3・4年）　　　　　　　　　学校司書の教育的支援

1　目　標
○学校司書として学校図書館の利活用を促し，小論文を書く学習活動に有効適切な支援を行う。

2　担任と学校司書の連携ポイント
①司書教諭を中心に指導方針の共有化を図る。読書感想文と小論文の書き方の違い，指導する学年，提出時期などを確認する。
②読書感想文その他のコンクールと関連して，事前に担任と学校司書とで，適切な選書をする。
③読書月間（旬間）では物語のみならず，各教科の単元に関連した図書館資料を準備し，児童の興味・関心を広げる工夫をする。
④過去の入賞作品を提示するなど，論文形式の文章作成を支援する。

3　学習の流れ

《準　備》
付箋紙（色別，数種類），ワークシート，過去の入選作品，関連図書館資料

①テーマの選定（あらかじめテーマを設定してもよい）
　・学校，友だち，勉強，家族，ペット，習い事，成功，失敗など自分自身の生活に身近なこと
　・喜怒哀楽や愛憎，恐れ，不思議など，自分自身の感情を動かされた出来事
　・国語科，社会科，理科などの教科学習から学びを深め，さらに得た知識や工夫について
②本の選定（①のテーマに沿った，主題のしっかりした本）
③過去の入賞作品の対象となった本の紹介

教科・単元と関連した指導・支援

学年・教科	単元名	学習活動・支援
3年：国語	まとまりに気をつけて読もう「米と麦」	説明文の読み取りを支援する。
3年：社会	わたしのまち　みんなのまち	住んでいる町の様子を調べる。 調べたことを記録する。
3年：理科	植物をそだてよう こん虫をそだてよう	植物の育つ順序を予想する。 観察日記をつける。 幼虫の育ち方を調べる。 昆虫の体のつくりを観察する。

4　指導準備

	時期	具体的な指導内容	学校司書の活動
指導開始	5月下旬	司書教諭が中心となり校内での指導方針の共有化を図る。	過去の入選作品集（複本）・対象図書を準備する。
集中指導	7月または9月	児童への書き方指導資料提示 論文形式の文章構成の指導資料提示	
個別指導	9月	個別相談	
提　　出	10月		
募集要項	中学年　　学年1～3点提出 本を通して感じたこと，考えたこと，調べたことなど，自分の意見を相手に伝える小論文（400～1200字） ・自分の考えが明確になるように，段落相互の関係に注意して構成している。 ・自分の考えを持ち，伝えようとする。		

5　指導資料及び解説

①付箋紙の活用　　色別に記入内容を決めておく（黄：事実，事例　青：疑問点　など）記入した付箋紙の並べ方を考え構成の手助けとする。

②観察カード・情報カード　　普段の授業においてもカードの記入方法を練習する。要約・引用など，短い文章で相手に伝わるよう工夫をする。

6　ブックリスト（小論文作成によく使われる本）

NDC	書名（上段）・作品名（下段）	著者名	出版社	発行年	あらすじ
913	『空に向かってともだち宣言』 かけ橋になれたら（3年生）	茂木ちあき 作	国土社 29年度課題図書	2016	隣に引っ越してきた家族はミャンマー人。主人公と同じ学校に通うことになるが…難民ってなんだろう。

373	『ぼくたちはなぜ学校へ行くのか』 学校へ行くということ（3年生）	マララ・ユスフザイ 述	ポプラ社	2013	マララさんが国際連合で行った演説から，子どもが学校に通う意味を考える。
E	『ぼくの先生は東京湾』 未来の海を守るために（4年生）	中村征夫 文	フレーベル館	2015	東京湾の中をのぞいてみると，実はたくさんの生きものが住んでいる。大都市のそばの海だからこその問題も指摘する。
933	『赤毛のアン』 大切な家ぞく（3年生）	モンゴメリ 作	ポプラ社 偕成社 他		両親を亡くしたアンが子どものいない老兄妹に引き取られる。自由な想像力をもつアンの成長物語。
E	『におい山脈』 未来の地球を守るために（4年生）	椋鳩十 著	あすなろ書房	1978	自然破壊で住むところを失った動物たちが，ごみを集めて住処にする。現代人に対する痛烈な批判絵本。
913	『二日月』 大切なこと（4年生）	いとうみく 作	そうえん社 28年度課題図書	2015	杏には障がいのある妹がいる。家族の関係や妹に対する葛藤を経験する中で成長していく姿をえがく。
916	『いのちのあさがお』 生まれてきてくれてありがとう（3年生）	綾野まさる 作	ハート出版	1997	止まらない鼻血。コウスケ君は白血病だった。学校で植えた朝顔の種は彼からの大切なプレゼントとなった。
289	『ヘレン・ケラー』 想像することが大切（4年生）		ポプラ社 偕成社 他		子どもの頃の高熱による見えない・聞こえない・話せないの三重苦を克服し，世界中に勇気と希望をあたえた。
E	『あのときすきになったよ』（3年生）	薫くみこ 作	教育画劇	1998	好きじゃないと思っていた友だち。何をきっかけにして「嫌い」が「好き」になったのだろうか。
E	『あたまにつまった石ころが』（4年生）	キャロル・オーティス・ハースト 文	光村教育図書	2002	父は石が好き。家の仕事をしながら石を集め続け，博物館の館長に抜擢されるまでの物語。
376	『ランドセルは海を越えて』	内堀タケシ 写真・文	ポプラ社	2013	日本で使われなくなったランドセルをアフガニスタンの子どもたちへ届ける活動を紹介。

5　読書感想文を書こう（4年）　　　　　　　　　　　　　　　7月指導

1　目　標
- 読書月間で読書の幅を広げ，多様な本を楽しんで読もうとする。
- 面白かった本から一番強く印象に残った本を選び，場面と登場人物の言動の変化から自分の考えをまとめる。

2　学校司書との連携のポイント
①読書量を増やし，読書の幅を広げるために，児童に応じた適切な本を紹介できるよう綿密に打ち合わせる。
②読書指導を計画的，継続的に行い，読書月間では読書する時間を確保する。
③付箋紙を活用し，面白い，不思議だ，感動した場面を抜き書きし，表現に注意して読ませる。
④入選作品を複数準備し，読書感想文の書き方のポイントを指導する。

3　学習の流れ「8時間扱い」
（○指導のポイント　●学校図書館利活用のポイント　☆交流のポイント　△指導形態・方法）

1　つかむ（2）
- ○読書感想文入選作品を読み，感想文の書き方の工夫について知る。
- ○読書月間中に読んだ本の中で，強く印象に残った本や，すすめられた本について読み，付箋紙を付けることを知る。
- ●担任・学校司書は，個別指導を行う。
- ○適切な本を選ばせる。
- ○自分の経験と比べる視点を大切にさせる。

2　調べる（2）
- ○付箋紙を付けながら，選んだ本を読む。
- △時間内に読み取れない場合は，家で読む。
- △分からない言葉を，辞書で調べる。
- ○本を読むきっかけ（表紙や題名から感じたこと，作者）や選んだ時の思い出，読み始めた時の気持ちをメモしておくとよいことを指導する。
- ●本を取り替えたい児童には，個別に支援を行う。

3　まとめる（3）
- ○付箋紙をもとに，ワークシートに（はじめ・中・おわり）にまとめさせる。
- ○つなぎ言葉，気持ちの表現の仕方に気を付ける。
- ○ワークシートをもとに，原稿用紙に読書感想文を書き上げる。
- △推敲のポイントを明示する。
- △感想文の題名を工夫させる。
- △書き出しの文を工夫させる。

○月○日
めあて　ふせん紙をもとに、読書感想文ワークシートをまとめよう

○付箋
　赤……心に残った、感動、面白い
　黄……自分と比べて、自分が変わった
　青……疑問、調べたいこと

○読書感想文ワークシート
　はじめ
　　・本の題名を初めて見て感じたこと。
　　・書き出しを工夫する。
　中
　　・原稿用紙の半分（二百字ぐらい）に書く。
　　・一番心に残った場面や事柄。
　　・登場人物の生き方や考え方で、自分と似ているところ、違っているところ。
　　・「自分もこうなりたい」と思ったこと。
　おわり
　　・原稿用紙の半分（二百字ぐらい）に書く。
　　・本を読む前と後で、自分の考えがどう変わったか
　　・本から学んだこと、自分の生活にどう生かしていくか。
　○推敲のポイント
　　・題名を工夫しているか。
　　・文末表現が揃っているか
　　・つなぎことばを上手に使っているか
　　・気持ちの表現を工夫しているか
　　・本を読んで、自分の考えの変化、学びを書いているか

4　伝え合う（1）
☆完成した読書感想文を友達と読み合い，感想を付箋紙に書いて伝える。
☆グループ形態にし，読書感想文を回しながら読み，付箋紙を利用してコメントを書き込んでいく。

4 指導資料 （ワークシート）

読書感想文を書くポイント①　（　　　）

① 何冊か読んだ本の中から、自分が一番「おもしろいなあ」「すごいなあ」「ふしぎだなあ」と思う本を選ぶ。
② 読んでいておもしろいと思ったところ、感動したところに付箋紙をはり目印を付けておく。
③ 読み終わったら、「読書感想文の材料メモ」を作る。

読書感想文を書くための「材料メモ」（中学年）

③ 本を読む前と後で、自分の中で変わったこととは何か。	② 本を読み終えて、一番心に残った場面やこと	① どうして、その本を選んだのか。その本との出会いについて

読書感想文を書くポイント②　（　　　）

○原稿の書き方（基本的な文の組立て例）（四百字づめ原こう用紙三枚の場合）を覚えよう

	ポイント（書き終わったらチェック）	書き方の例
はじめ	□ 原こう用紙半分（二百字）くらいに書く。 □ 本の題名を初めて見たときに感じたこと □ その本を読む前は、本に書いてある内ようについてどう思っていたか	◇ 私はこんなところが「楽しかった」からこの本の感想文を書くことにしました。 ◇ 私がこの本を読んで一番「びっくりした、悲しかった、おもしろかった」ことは〇〇です。 ◇ 私はこの本を読んで……と思いました ◇ 私の家は「みんな元気」です。 ↑本の内容と比べて ◇ —はーしたけれど、私ならーしてーできない」と思います。 ◇ —がーしたときに、—を思いました。
中	□ 原こう用紙二まい（八百字）くらいに書く。 □ かん単な本のしょうかいやあらすじ □ 一番心に残った場面やことがら □ 登場人物の生き方や考え方で、自分とにている所やちがっている所 □「自分もこうなりたいな」と思ったこと	◇ 私はよくーする勇気があるなと思いながら「考えながら」読みました。 ◇ —はーと考えているにちがいありません。 ◇ —はーするだろうと思って、次を読みました。 ◇ —というところが、少しふしぎに思いました。 ◇ 私もーしたい「—のようになりたい」と思いました。
おわり	□ 原こう用紙半分（二百字）くらいに書く。 □ 本を読む前と後で、自分の考えがどう変わったか □ 本から学んだことを自分の生活にどう生かしていくか	◇ —はーと考えたのだろうと思いました。 ◇ 私はこんなーな話は初めてでした。 ◇ 私はこの本を読んで—がわかりました。 ◇ 私はこの本から学んだ—のことを生かし、友だちにも進んで—してみようと思います。 ◇ —がーしたことが心に残りました。

読書感想文を書くポイント③（　　　　）

○読書感想文をさらによくするために、次のことをチェックしてみましょう。

❶ 気持ちの表げんをくふうする。

―がおもしろかったです。…に感動しました。…だけではない気持ちの表現の仕方ができるようになると、文章がさらに生き生きとしたものになります。

おもしろい
　はらはら・どきどき・わくわく・笑わずにいられない・思わずふき出してしまう

感動する
　ジーンとする・むねがいっぱいになる・心をうばわれる

おどろく
　ぎょっとする・はっとする・かみなりに打たれたよう

悲しい
　なみだが止まらない・せつない・むねが苦しい・心がいたむ

うれしい
　うきうき・にやにやする・「やったあ。」とさけぶ

❷ 読書感想文の最終チェック

□ つなぎ言葉を上手に使う。
　（だから、ところが、なぜなら、たとえば…など）

□「　」。、？。などの記号は、一文字分として書く。
　→「　。」は、一マスに書く。

□ 会話文は改行する。二行になるときは、一マス下げる。

□ 題名をくふうする。

95

6　小論文を書こう（4年）　　　　　　　　　　　　　　9月指導

1　目標
○本を読むことにより，自分の考えや意見などを正確に伝える論述的な文章を書こうとする。
○社会科学習で学んだことや，課題をもったことと関連する本を読み，自分の体験などと関連させて自分の考えが明確になるように文章を構成して書く。

2　学校司書と担任の連携ポイント
○小論文で題材とする本の選定をする。
・担任が児童に取り組ませたいテーマを伝え，選定する。（例えば，2016年度は，埋立処分場に見学へ行ったので『ごみ山脈』を選定。2017年度は，東京湾見学を行ったので『ぼくの先生は東京湾』を選定）
・児童の実態に合わせ，興味・関心を持ちやすい本の選定を学校司書と行う。
・過去の入選作品を図書館資料として活用することで，児童が小論文を書こうとする意欲を高める。

3　学習の流れ「7時間扱い」
（○指導のポイント　●図書館利活用のポイント　☆交流のポイント　△指導形態や方法）

1　つかむ（1）
○社会科の学習，社会科見学で学んだことを自分の身近な問題として捉える。
●小論文コンテストの入賞作品を読み，学習の見通しをもつ。
・過去の入賞作品

2　調べる（2）
●『ぼくの先生は東京湾』の読み聞かせを聞き，学級で感想を交流する。
●学校図書館活用ノートなどから「小論文ワークシート」を活用し，本を読んで感じたこと，実際に見学に行って学んだこと，課題に対する対策，本を読んで変化した自分の考えなどをメモする。
・『ぼくの先生は東京湾』
　中村征夫（著）フレーベル館
・学校図書館活用ノートなど

3　まとめる（3）
○小論文ワークシートのメモ，社会科見学で使った「調べるカード」をもとに，自分の考えが明確になるように段落相互の関係などに気を付けて書く。
△1つの文が長くならないようにする。
○推敲チェックシートを活用し，小論文を推敲し，清書する。
△書くことが苦手な児童へは，個別指導を行う。
・学校図書館活用ノート
・社会科見学「調べるカード」

○月○日

めあて 「ぼくの先生は東京湾」を読み、小論文ワークシートに自分の考えをまとめよう。

課題 本を読んで問題に思ったこと（自分の起点）

Ⅰ
1 本を読んで一番心に残ったこと（感動）

Ⅱ 学習
2 見学して学んだこと
3 なぜ、こうなったのか（理由・根拠）
4 このままにするとどうなるのか（予想、結果）
5 どうすればよくなるか（アイディア・対策）

Ⅲ 成果
本を読む前と後で、自分の中で変わったことは何か（自分の成長・認識）

・推敲チェックシート

4 伝え合う（1）
☆ 書き上げた小論文を紹介し合う。
☆ 友達の小論文を読み，感想を付箋紙に書き，友達の小論文に添える。
☆ 伝え合う力の育成のため，グループ形態になり，友達の小論文を回して読む。
● 友達の小論文のよい点を見付けたり，友達の感想を読んで自分の小論文を振り返る。
・付箋紙

4 指導資料（ワークシート）

おわり（200字）	中（800字ぐらい）				はじめ（200字）	
本を読む前と後で、自分の中で変わったことは何か・自分の立場	◎どうすれば良くなるのか（対策）、自分の考え	このままにするとどうなるのか（予想、結果）	なぜ、こうなったのか（理由）	今、どんなことがおこっているか，見学したこと，学んだこと（現象）	本を読んで一番心にのこったこと	その本を読んで問題に感じたこと、自分の立場 本の題名『　　』

第3章 高学年
―読みを広げ深める―

I 高学年の指導

1 高学年の読書に関する全体図

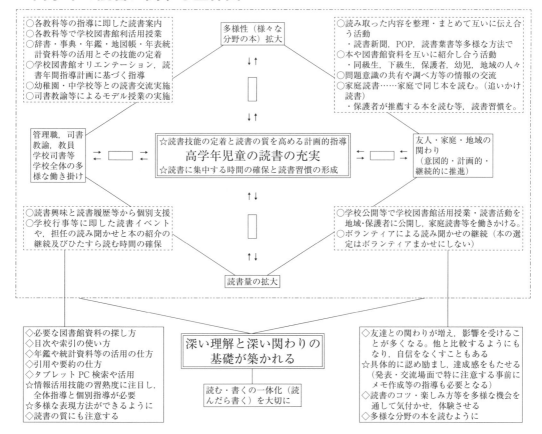

2 学校行事等に即した年間の読書指導 （高学年）

時期	学校行事等	読書指導と学校図書館利活用指導等
4〜5月	○学校図書館オリエンテーション ○図書委員会等発足 ○運動会	○学校図書館の配架・分類・貸出返却・必要な本の探し方・目次索引の活用・引用と要約等 ○図書委員会指導（飾り付け・図書の扱い・読み聞かせの方法・新聞やPOP作成の仕方等） ○読書の目標と読書計画作成・読書記録作成開始 　（6年生は1年生に読み聞かせ5月初旬まで） ○今年度の課題図書を知る。

6～8月	○移動教室 ○読書月間 （図書委員会の活動指導）	○移動教室の事前事後学習で，学校図書館を活用。 ○図書館を使った調べる学習の課題と計画作成。 ○読書月間で，読書の範囲と読書量の拡大を。 ○保護者会・公開授業で調べる学習・読書活動を紹介し，夏の家庭読書を啓発する。 ※読書感想文指導。夏休みのプール指導中の学校図書館の利用を指導。（中学校図書館訪問見学実施）
9～10月	○水泳指導終了 （運動会・連合運動会） ○読書感想文・調べる学習等	○運動会（1学期の場合も同様）準備期間は，陸上競技やオリンピック・パラリンピック関連図書や選手の伝記を展示・紹介する。 ○各教科等の単元に関連する学校図書館を使った調べる学習を展開する。 ※読書感想文・小論文・図書館を使った調べる学習等の指導を行う。（図書館部は指導資料配付） ○中学生等との読書交流を実施する。
11～12月	○全国読書週間 （読書月間） ○学習成果発表会等	○自分の読書を振り返り，新しい分野の本を読む等読書記録を基に目標と計画を見直し取り組む。 ○伝統文化・歴史・自然科学・環境・情報・芸術等各教科等の教材に関連した図書を紹介する。 ※冬休みに向けて，民話・伝統行事に関連する本や少し長い物語に挑戦させる。 ○下級生に本の紹介（POP・本の帯等）を行う。
1～3月	○委員会発表 ○6年生を送る会 ○修了式・卒業式	○各委員会の発表準備では，図書館資料を活用して活動内容を深く分かりやすく知らせる点を重視する。（クラブ活動発表も同様） ○3月初旬までの読書目標と計画を作成し，取り組む。 ※6年生は「伝記」を重視して指導する。 ○1年間の読書生活を振り返り，達成感をもつ。 ※6年生は，中学校で読みたい本等を見付ける。

3　学習指導要領・中学校国語（中学校第1学年）　C 読むこと

【構造と内容の把握】

ア　文章の中心的な部分と付加的な部分，事実と意見との関係などについて叙述を基に捉え，要旨を把握すること。

イ　場面の展開や登場人物の相互関係，心情の変化などについて，描写を基に捉えること。

【精査・解釈】

ウ　目的に応じて必要な情報に着目して要約したり，場面と場面，場面と描写などを結び付けたりして，内容を解釈すること。

エ　文章の構成や展開，表現の効果について，根拠を明確にして考えること。

【考えの形成】

オ　文章を読んで理解したことに基づいて，自分の考えを確かなものにすること。

【言語活動例】

ア　説明や記録などの文章を読み，理解したことや考えたことを報告したり文章にまとめたりする活動。

イ　小説や随筆などを読み，考えたことなどを記録したり伝え合ったりする活動。

ウ　学校図書館などを利用し，多様な情報を得て，考えたことなどを報告したり資料にまとめたりする活動。

※【言語活動例】の学校図書館の利用については，小学校学習指導要領・国語Ｃ読むことの言語活動例で全学年に渡って記述されている。
　「低学年」では，図鑑や科学的な本を読み，分かったことを説明
　「中学年」では，事典や図鑑から情報を得て，まとめて説明する
　「高学年」では，複数の本や新聞を活用して，調べたり報告したりする活動を示している。

※「説明」したり「報告」したりする活動には，「引用・要約」の技能が必要であり，「読んだこと」を活用するためには，「書く」ことが大切である。

Ⅱ 指導事例

1 読書感想文を書こう（5年）　　　6〜7月指導

○4月から国語科の授業の中でブックトーク等を行い，様々な本の紹介を経て本を手に取り，読み込むことから感想文に至るよう順序・段階を大切に指導する。

1 目　標
○様々なジャンルの本を読もうとする。
○興味・関心に応じて読み取った本の内容から，自分の考えを書くことによって深め，自分を振り返りながら表現する。

2 学校司書と担任の連携のポイント
①児童の読書量・読書興味・読書の質に個人差があることに注意し，個に応じた適切な本を紹介できるよう綿密に打ち合わせ，準備する。
②学級全体と個に応じた本の紹介をどのように行うか，打ち合わせる。
③国語教科書で紹介される様々な本を，担任と学校司書が分担し工夫して案内し，興味・関心を広げて，読書の幅を広げるようにする。
④読書月間で読書量を増やし，発達段階と個に応じた適切な本を選ぶことができるよう読書指導を計画的・継続的に行う。
⑤面白い・不思議だ・感動した場面を抜き書きし，表現に注意して読むために，付箋紙を活用するための準備・指導を協働して行う。
⑥読書感想文入選作品を複数準備し，書き方の良い点に着目させ，必要に応じて文章構成や書き出しの工夫を指導する。
※読む過程で分からない言葉等を調べられるように，国語辞典・漢字辞典を用意する。
※日常的に本を手に取ることができるようにするために，公共図書館の集団貸出も含めてブックトラック等を活用して学級文庫を整備しておく。

3 学習の流れ「5時間扱い」
（○指導のポイント　●学校図書館利活用のポイント　☆交流のポイント　△指導形態・方法）

1 つかむ（1）
○その年の課題図書を取り上げる。又は，国語教科書から，情景と心情の変化を読み取らせるよう指導する。
○表現に注意して読む，問いかけながら読む，心情の変化と物語の中心を把握する過程を大切に指導する。

- ○ワークシート等に，まず情景や心情の変化，印象に残った場面等について記入し，その場面・情景・心情を選んだ理由や疑問点，それについて考えたことを書く。
- ●国語教科書に掲載されている「読書案内や本の紹介」に出て来る本を紹介する。
  （担任・学校司書の協働。2以降も継続する。）

2　つかむ（1）
- ○5年生の読書感想文入選作品を読む。
  - ・意見と事実，事例を区別して読み取らせる。
  - ・文章の組み立てに注意して読み取らせる。
  - ・文末表現に注意して読み取らせる。
  - ・なぜ，この題名なのかを考えさせる。
- ●気付いた良い文章に付箋紙を貼る。一言コメントを入れる（サイドラインでもよい）。
- ●読書感想文入選作品の対象となった本を展示し，興味・関心をもたせる。
- ○自分が興味・関心をもった本を選んで読む。
- ●担任・学校司書は，適切な本を選ぶよう個別指導・支援を行う。

☆黒板（電子黒板・タブレットPC，横書きでも可）

全体構想図	読書感想文を書こう								
	くわしく読み取ろう	読書感想文の組み立てに注意	はじめ・書き出しの工夫	なか・メモやふせん紙にくわしく　家族の話・自分の経験から	おわり・気持ちの変化・これから	文章の表現に気を付けて書こう	人が言った言葉・文には「」をつける	△と思いますをくり返さない	○色・音や会話を使って書こう
	○ふせん紙をはろう・色別の使い分け　赤色　強く心に残った場面や言葉　黄色　疑問・よくわからないところ　鶯色　自分に似ている・似ていない　白色　おもしろいところなど								

3　調べる（1）
- ○選んだ本を読む（時間内に読み終わらないが，その本の30～50ページを時間中に読む）。
- ※残りは，休み時間や家庭で読む。
- ●読み始めてから，「本を取り替えたい」「おもしろくない」と児童が感じている場合は，よく話を聞き，支援する。
- ●付箋紙の使い方を指導する（一言コメント等，書き込んで良い。小見出しにも使う。色別）。
- ●一冊読了後に，再度，付箋紙を貼った前後の部分を読み返すよう指示する。
- ○一読後，最初に感じたことをメモする（短文でよい。複数，書いて良い）。

4　調べる（1）
- ○家庭で読む場合も付箋紙を使うことを指導する。
- ●分からない言葉等は，辞書・事典を使って調べる。
- ○読書に浸り込むことが大切。読む時間を確保するよう働き掛ける。
- ○本を選んだきっかけ（表紙や題名から感じたこと・作者について知っていること等）や，選んだときの家族との会話などの思い出，読み始めたころの気持ちなどもメモしておくとよいことに気付くよう支援する。

――― 3，4を1時間で指導 ―――

5 まとめる（1）
※この時点では本を一度は読み通している段階（再読している場合もある）。
○付箋紙とメモを読み返すとともに，付箋紙を貼った前後の部分も読み返し，一言感想や小見出しを書き込む。
●読み返す際に，自分と比べたり，1回目に読んだときと考えが変わった点等も付け加える。
※作者の伝えたいことが読み込めているか，個別に確認する。
●題名・作者についてやこの本と出会ったときのことを簡単にまとめる。

6 まとめる（1）
○読書感想文の「はじめ・なか・終わり」の構想ワークシートに，付箋紙やメモの中から必要なものを選んで書き込む。
※読書感想文の大体の構想ができたところで，ワークシートを読み返し，抜けている点がないか確かめさせる。
●文の書き出しについて，工夫する点の支援をを行う。
　・自分の経験を最初に。
　・自分の感想の中心から書き出す。
　・本を選んだきっかけから。
　・本文中の印象的な言葉・文・会話などを抜き出して書き始める。
―――5，6を1時間で指導―――

7 まとめる（1）
○前時に書き終えない場合，書く時間を入れる。
○終わりの部分の書き方を工夫する。
●自分の考えの変化や本から学んだこと，これから生かしていきたいことなどに触れてまとめるよう助言する。
●段落と段落のつなぎ方を考えて，注意して書く。
●文末表現や誤字脱字がないか，確認する。

8 伝え合う（1）
○自分の考え・感想が明確になっているか，確かめる。
○読書感想文を発表する（グループ内発表にしてもよい）。
○感想文の題名は，自分の感想の中心が分かるように表現する。「～を読んで」にしないこと。
●読書感想文の文集をつくる。
　（次年度の資料として学校図書館に一冊は保管する）
―――7，8を1時間で指導―――

4　指導資料

(1) 自分に合った本を選ぶ

①本の紹介をよく聞き，興味・関心のある本，おもしろそうだと思う本を見つける。

②紹介された本や教科書に出ていた本，ブックトラックにある本などをテにとって見る。

　・タイトルや作者に注目（表紙の絵も）

　・これまでに読んだ経験を思い出して

※上記の点は，読書感想文を書く際に手掛かりとなる。

※本を選ぶ際に，迷ったり決められない場合は，学校司書に相談するように助言する。

③目次を見て，面白そうなところから読んでみる。
  ・思っていたイメージと異なる場合は，別の本を探す。
● 読書量や読書の質の個人差が大きいことも考慮して，多様なジャンル・レベルの本を用意する（学校司書と打ち合わせる）。
● できるだけ多くの本を紹介するために，ブックトークを教室内二カ所で同時に行い児童も2グループで入れ替わりながら聞く（担任と学校司書で分担）。

(2) 読み取る＝書く視点
①出来事・行動・場面の変化（きっかけとなる出来事や行動）
②主人公や周りの人々の言葉・行動・気持ち（事件や出来事と人々の気持ち）
③中心となる場面・行動とその情景や変化（主人公の変化から作者の伝えたいこと）
④終わりの場面では，自分はどう感じたか。
※上記の視点が難しいと感じる児童もいる。「楽しい・面白い・心に残ったこと」に着目させる。付箋紙を貼った箇所が上記の視点と対応しているか，確かめる。
※ノンフィクションは，問題意識・事実・事例と結果及び作者の考え等を視点にする。

1 読書感想文を書こう（5・6年）　　　学校司書の教育的支援

1 目　標
○学校司書として，学校図書館の活用を促し，読書感想文を書く支援を行う。

2 担任と学校司書の連携ポイント
①新学期開始時から学級担任と連携して，朝読書・読書月間・授業において読み聞かせやブックトークを行い，より多くの本と出合わせる。
②司書教諭や学級担任と連携し，学校図書館オリエンテーションをする。本の扱い方や貸出・返却の方法など，学校図書館の基本的な利用指導を行い，本に親しむ態度を育成する。
③課題図書の購入を手配し，各学年への貸出を行う。各学級で学級担任による本の紹介を行う。
④読書月間の機会を捉え，さらに読書を促し，個別に支援する
⑤読書感想文の書き方を指導する際には，過去の入選作品やその関連図書を紹介して活用する。
⑥課題図書購入後から夏休み中は，学校図書館内で本や選書のための資料を展示する。

3 学習の流れ（支援のポイント）

《準　備》
付箋紙，ワークシート，過去の課題図書，入選作品集，入選対象の図書

①過去の受選作品と，対象の図書を紹介する。
②学級担任と連携し，付箋紙を使用した活動を支援する。
③家庭での読書活動支援のために推薦図書リスト，入選作品集を紹介する。

4 指導過程

	時期	指導内容	学校司書
指導開始	4月～	朝読書・授業時間を活用してブックトークや読み聞かせを行う。多くの本と出合い，本に親しむ。 学校図書館オリエンテーションを実施	
	4月下旬 5月中旬	教科書に掲載されている本の紹介（読みきかせ・ブックトーク）を継続する。	図書予算額確定後，すぐに本の購入。周知及び学年へ貸出準備を行う。
集中指導	6月 読書月間	学年便り・図書館便りを活用し，家庭の協力を仰ぐ。学校と家庭で連携して児童の読書の習慣化を図る。	
	7月	読書感想文への取組み ・児童への指導 ・保護者会で家庭での支援を依頼する。	課題図書や選書のための資料展示を行う。推薦図書リストや入選作品集などを活用する。
個別指導	9月	個別指導	
校内審査	10月	校内の図書館部で審査を行う。	
提出	10月中旬	審査	
募集要項	高学年 1200字以内 （応募用紙添付）	3行目（＝本文）から数える。句読点や改行のための空欄は字数に含まれる。 1行目　題名　⇒　入選作品を参考に題名を工夫する。 2行目　校名・氏名を書く。	

5 指導資料及び解説

本の紹介 （図書委員会児童が本の紹介を行うこともよい）

・学校図書館内で課題図書の展示を行う。
・課題図書と共に，これまでのコンクール入選作品集などを展示する。
・各学年に課題図書を4冊ずつ準備し，担任から本を紹介する。
・クラスでの紹介が終わったら，学校図書館に戻し，個人での貸し出しを行う。

第3章 中高学年―読みを広げ深める―

掲示物
①選書のポイント
・テーマが明確であること
・新たな発見があること
・生き方を考えさせられる本
②課題図書や，入選作品について触れる。

6 ブックリスト（読書感想文コンクール入選作品（自由読書の部）・過去の課題図書など）

NDC	書　名	著者名	出版社	発行年	あらすじ
913	かあちゃん取扱説明書	いとうみく 作 佐藤真紀子 絵	童心社	2013	題名「ボクのトリセツ」（2016/62回）口うるさいかあちゃんを思いどおりにあやつろうと考え，「取扱説明書」を作ることに。
159	十歳のきみへ：九十五歳のわたしから	日野原重明 著	冨山房インターナショナル	2006	題名「自分の命を生きること　生かすこと」（2016/62回）著者の10歳のころを振り返りながら，寿命，人生，家族などのテーマについて書かれている。
933	葉っぱのフレディ：いのちの旅	レオ・バスカーリア 作 みらいなな 訳	童話屋	1998	題名「死ってどんなこと？」（2016/62回）葉っぱの一生を通じて「いのち」について考える。
916	窓ぎわのトットちゃん	黒柳徹子 著 いわさきちひろ 絵	講談社	1981	題名「いつかの私とトットちゃん」（2017/63回）独自の教育法を実践するトモエ学園の子どもたちの生き生きとした姿を描く。
943	モモ：時間どろぼうと，ぬすまれた時間を人間にとりかえしてくれた女の子のふしぎな物語	ミヒャエル・エンデ 作・絵 大島かおり 訳	岩波書店	2005	題名「モモを読んで」（2017/63回）時間どろぼうにぬすまれた時間を取り戻すために奮闘するふしぎな女の子，モモの物語
933	犬どろぼう完全計画	バーバラ・オコーナー 作 三辺律子 訳 かみやしん 絵	文溪堂	2010	ジョージナは，父親が家を出てから母と弟と3人で車上生活に。そんな状況を打開するための計画とは。
933	霧の中の白い犬	アン・ブース 著 杉田七重 訳 橘賢亀 絵	あかね書房	2016	学校でナチス・ドイツについて学び始めた少女は同時に自身の祖母の過去とも向き合うことになる。
494	転んでも，大丈夫：ぼくが義足を作る理由	臼井二美男 著	ポプラ社	2016	スポーツ義足の第一人者である著者の想いとは。
913	ふたり	福田隆浩 著	講談社	2013	6年生の准一と佳純は，図書館である作家の別名を調べるため，共同作業を始める。
913	ぼくたちのリアル	戸森しるこ 著 佐藤真紀子 絵	講談社	2016	学年一の人気者，リアルとその幼なじみでごく平凡な渡，そして転校生の3人の友情を描く。

933	ワンダー	R・J・パラシオ 作 中井はるの 訳	ほるぷ出版	2015	生まれつき顔に障がいがある少年が10歳で初めて学校に行くことになる。様々な視点で語られる。
933	クローディアの秘密 ほんとうはひとつの話	E＝L＝カニグスバーグ 作 松永ふみこ 訳	岩波書店	2001	ニューヨークのメトロポリタン美術館を舞台にした姉弟とあるおばあさんの物語。
913	ユウキ	伊藤遊 作 上出慎也 画	福音館書店	2003	ケイタの前に現れる転校生は，いつも「ユウキ」。4番目にやってきた不思議な少女は，数々の奇跡を起こす。

※読書感想文優秀作品は，『考える読書―青少年読書感想文全国コンクール入賞作品集―第〇回』（毎日新聞出版）として，毎年4月に出版される。
※過去の読書感想文の入賞者や課題図書リストは，全国学校図書館協議会のホームページから確認できる。

2 調べる学習を進めよう（5年）　　　　　　　　　　　　　　　　9月指導

○目的や意図に応じて，清里高原（移動教室）について資料を集め，体験と関係付けて，清里高原を紹介する。

1 目 標
○書く事柄についての資料を収集し，自分の考えが伝わるように全体を見通して事柄を整理しようとする。
○調べたことや体験したことなどの事実と，自分の考えを分かりやすく伝えるために文章の構成をする。

2 学校司書と担任の連携ポイント
①児童が課題を設定するために適したツール（思考を広げ，絞り込む）を準備する。
②児童が選んだテーマやキーワードに応じた図書館資料を揃える。
③調べる学習カード，引用・要約の仕方，奥付の書き方の例を示して指導する。
④児童が課題に即した図書館資料を選べるように助言する。
⑤「キーワード表」の記入例を示したり，活用した文章の書き方について説明したりする。

3 学習の流れ「8時間扱い」
（○指導のポイント　●学校図書館利活用のポイント　☆交流のポイント　△指導形態・方法）

1　つかむ（1）
○清里高原（移動教室）の魅力を，4年生に伝えるために，自分のテーマを決める。
●ウェビングマップを使い，考えを広げ，ドーナツチャートでテーマを絞り込む。
●キーワード表の「はじめ」に，テーマを書き込む。
○なぜ，そのテーマを選んだのか，自分の体験や思いを踏まえてノートに理由を書く。
○箇条書きで書き，取捨選択したり順序を並び替えたりする（キーワード表の左の文章構成にある「おわり」を書く際の準備となる）。

2　つかむ（2）
○テーマの根拠となる事柄を調べるために，キーワードを挙げる。
●ドーナツチャートで絞ったテーマに関連することを，キーワード表に書き込む。
○テーマをより魅力的に伝えるためには，どのキーワードがよいかを吟味し，2つの観点から項目を絞る。
●2つの項目を，キーワード表の「中1」「中2」に書く。
○調べるための図書館資料に目印を付ける。
●図鑑，年鑑，百科事典など，それぞれの図書館資料の特徴を押さえる。

3　調べる（1）
○キーワードに合った，図書館資料を選ぶ。
●付箋紙，調べる学習カードを使う。

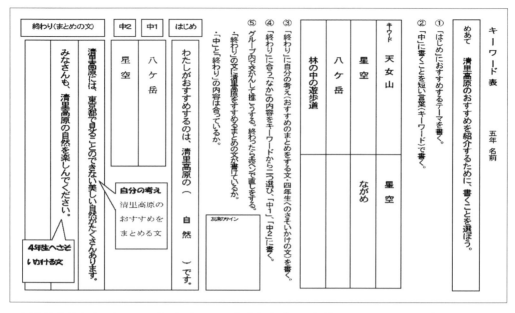

- ○ 図書館資料を読みながら，必要なところに付箋紙を貼る。付箋紙に調べる項目の番号を書く。
- ● 付箋紙を読み返して調べる学習カードに書く。
  - ・引用と要約を区別させる。
  - ・図表や写真の有用性に気付かせる。
  - ・数値で表せるものは数値を入れさせる。
  - ・短い文章で記入させる。
  - ・1枚のカードに1つのキーワードだけ書かせる。

4　調べる（2）
- ○ 情報を整理し必要な情報をまとめる。
- ● 調べる学習カードから，テーマや魅力を伝えるという目的に合わないものを抜いたり，足りない事柄を調べ直したりする。
  - △ 事実を裏付けるデータや理由が明確でなかったら，再度調べる。

5　まとめる（1）
- ○ 調べる学習カードから，書く順番を決める。
- ○ 調べて分かったことを結論付ける。
- ● 文章構成表の「中1」「中2」に書く。
  - ・文末は「〜です。」「〜ます。」にする。
  - ・結論のみを一文にする。
- ○ キーワード表左の文章構成には，調べたテーマやキーワードに対する，自分の意見や考えを書く。
- ● 〈つかむ（1）〉で箇条書きにした，テーマを選んだ理由を基に，文章構成の「おわり」を書く。
  - ・4年生に魅力を伝えるという目的を意識した「さそいかけの文」を書かせる。
  - ・テーマからずれないようにする。
  - ・事実と関連付けて書けるようにする。

6　まとめる（2）
- ○ キーワード表左の文章構成と調べる学習カードを基に，「はじめ」「中1」「中2」「おわり」を書く。
  - 「はじめ」…120字以内（6行）
  - 「中1」…240字以内（12行）

「中2」…240字以内（12行）
　　「おわり」…120字以内（6行）
- 「中1」「中2」には，調べたことや体験のみを書く。自分の意見や感想は書かない。
- どこから書き始めてもよいとし，取り組みやすくする。
○ つなぎ言葉を入れて，4年生を対象に紹介文にまとめる。
　・「まず」「次に」
　・「一つ目は」「二つ目は」　など

7　伝え合う（1）
○ 紹介文の構成として望ましくなっているか確かめる。
☆ グループで読み合い，文章構成や表現についての気付きを付箋紙に書いて伝え合う。
　・「中1」「中2」が，思いや考えの根拠としてふさわしいかを考える。
- 事実と意見が混同していないか，理由が明確になっているかを確認させる。
○ 文章構成を確認しながら段落に気を付けて清書する。
8　伝え合う（2）
☆ グループで読み合い感想を交流する。
☆ 付箋紙を活用して互いの紹介文のよいところについて感想を交流し，自分の考えを深められるようにする。
△ 友達の思いや考えについて，自分の考えを書く。
- 文章構成と文章表現についてと，内容についてで付箋紙の色を分ける。
☆ 違う題材で書かれた意見文ごとにグループを作り交流させる。
○ 完成した紹介文を4年生に向けて発表して，清里の魅力が伝わったか，感想を聞く。

4　指導資料

○テーマの決め方

　調べる学習や小論文において，テーマを決めることはとても重要である。思いなどで選んだテーマは，調べたいことや伝えたいことがぶれやすく，児童の学習意欲も継続しにくい。テーマを決める際には，必ず，思考を「広げる」プロセスと「絞る」プロセスの両方を取り入れる。

1　ウェビングマップで思考を「広げる」
　視野を広げ，多面的に思考する中で，いくつかのテーマを選ぶ。

2 ドーナツチャートや「の」チャートで思考を「絞る」

　1で選んだ中から，最も関心のあるものや伝えたいものを1つ選ぶ。

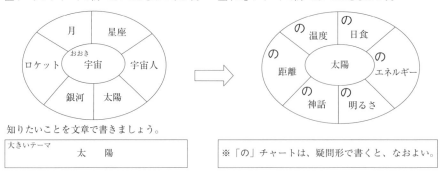

調べる学習を進めよう（5・6年）　　　　　　　学校司書の教育的支援

1　目　標
　○学校図書館の利活用を通して，調べる学習の教育的支援を行う。

2　担任と学校司書の連携ポイント
　①5月に，司書教諭を中心に校内研修を行い，指導方法の共有化を図る。
　②読書月間（旬間）からは，国語科や総合的な学習の時間の単元に関連した本を紹介し，多様な知識に触れさせる読書活動を進める。
　③調べる学習コンクールへの取り組み方を指導する時期には，過去の入選作品を各学年の廊下に展示する。⇒各学級で指導する。
　④図書館資料以外に，地域や移動教室で訪れる所のパンフレットや郷土資料，年鑑・白書などを準備し指導・支援を進められるようにする。

3　学習の流れ（支援のポイント）

> 《準　備》
> 付箋紙（色別・大きさ別），学校図書館活用ノート，ワークシート，
> 記録カード（そのままカードやわかったカード等），過去の入選作品

　①4月，各地区入選作品の借用時期を図書館部で検討し，学校図書館支援室（センター）に借用の申請をする（借用期間は約2週間）。
　②図書館振興財団（主催者）に前年度「図書館を使った調べる学習コンクール」の入選作品の利用申請書を提出する（複製作品が宅配便で届く。終了届を提出するまで借用可）。

教科・単元と関連した指導・支援

【5年】

月	教科	教材名	◆学習目標・学習活動
6月	総合	移動教室	◆目的に応じて資料を集め，調べる。自らの体験と関連づけて地域の魅力を紹介する文を書く。
7月	理科	台風と気象	◆台風の発生，変化，影響等について関連することを調べ，まとめる。

【6年】

月	教科	教材名	◆学習目標・学習活動
6月	国語	このニュース，わたしはこう思う	◆調べる目的を明確にして，調べた事柄が伝わるように書こうとする。事実を基に自分の考えをまとめ，伝える。
7月	国語	調べるための本	◆調べたい事柄について，目的に合った本を選んで調べ，まとめる。

4 指導準備

	時期	具体的な内容　　★学校司書が行う
	5月	司書教諭が中心となり，教員向け校内研修会
指導開始	6月　読書月間	各教科等に関連付けたブックトークや読み聞かせを行う。
集中指導	6月または7月	調べる学習への取組み方を保護者に説明 ・土曜授業公開日または保護者会でこのときに親子チャレンジ講座を実施
	保護者会または個人面談の週に★	入選作品を学校図書館に展示★ 全国コンクール及び自校入選作品★
	7月上旬	この時期に調べるテーマを決めておく。 児童に調べ方やまとめ方を指導する。 ・全体指導
提出	9月末	応募先
募集要項	最大B4判 50ページ以内 （目次・参考文献リストのページは含まない） ◎使用した図書館資料名と図書館名を明記 （応募用紙添付）	○調べる目的，方法，過程などをきちんと示しているか。 ・「なぜ調べたいと思ったのか」を明確に。 ・グラフ，絵・図，写真等で視覚に訴える。重要な所は文字の色・大きさを変える。 ○資料・情報を基に，自分の考えをまとめているか。「調べた結果，何が分かったのか」 ○複数の資料・情報を活用しているか。

5 指導資料

○パスファインダー

児童が資料やインターネットを使って調べる学習を進めるための基本的な情報を示したもの。

【テーマの例】
・地域の歴史，文化，自然，産業
・教科単元　米，大豆，昔の道具，伝統工芸

【内容】
・手がかりとなるキーワード，ネット情報，図書資料，その他パンフレット等の情報を掲載。常に最新の情報が手に届くよう，整理更新を続ける必要がある。

6　図書館を使った調べる学習コンクール入選作品（図書館振興財団のホームページより引用）

作品タイトル	内　容
守る命　守れない命（2017年　文部科学大臣賞受賞） ～外来種って何？？特定外来種の殺処分を考える～	近所の動物園のサルが外来種の影響で殺処分されていることを知り，外来種について調査した。殺処分の必要性について，様々な角度から考察している。
浮世絵　いまもむかしも可憐で美しい外交官 　　　（2017年　優秀賞・日本児童教育振興財団賞）	授業で版画を制作したことがきっかけで，版画に興味をもち調べた。浮世絵の時代背景から，浮世絵が外国人に日本の様子を伝える手段として広まったことを知る。
この一瞬を永遠に！スクープ！写真とカメラの力 　　　（2017年　優秀賞・日本児童図書出版協会）	カメラの構造と歴史，仕組み，撮影のテクニックなどを調べるうちに，「人はなぜ写真を撮るのか」と考えるようになった。調査や分析の先に「喜び」を見付けた。
世界一の大仏～東大寺大仏のひみつにせまる～ 　　　（2017年　優秀賞・海外子女教育振興財団賞）	機械もない時代に，どうやってこんなに大きな大仏をつくったのか？大仏が作られた訳は？歴史を丁寧に調べ，聖武天皇が大仏建設に込めた思いを知る。
アクアライン鉄道は実現できるのか？ 　　　（2016年　文部科学大臣賞受賞）	アクアラインバスを利用して不便さを感じ，ここに鉄道を通せないかと考えた。鉄道の長所と短所について考え，独自の路線図を構想。関係機関への取材も実施した。
石垣　誰が積んだの？石垣のルーツを探る！ 　　　（2016年　優秀賞・日本児童教育振興財団賞）	石に描いてある模様，積み上げ方の種類や技術についての疑問を解きながら，石積み集団「穴太衆（あのうしゅう）」の存在を知る。インタビューも行った。
いのち～猫の殺処分を考える 　　　（2016年　優秀賞・日本児童図書出版協会賞）	動物愛護センターの講習会を通じて，日々殺処分されていく命のことを知る。猫と人間との関係を良くするために，自分にできることは何かを考える。
トビの生活におどろいた！＋ノスリ 　　　（2015年　文部科学大臣賞受賞）	家の周りに生息する様々な鳥に興味をもち，初めて見る大きな羽について調査した。野外活動にも挑戦した。
未来へつなげ和紙大研究 　　　（2015年　優秀賞・日本児童教育振興財団賞）	地元金沢の名産品，金箔に興味をもち，和紙についての調べを進めた。伝統と新しい道の開拓に奮闘する関係者の姿を追う。
鬼のナゾをさぐれ！ 　　　（2014年　優秀賞・図書館振興財団賞）	平安時代の京都が舞台の物語「鬼の橋」を読んで鬼の魅力に引き込まれ，登場人物について調べ，物語に登場する寺社の見学に向かった。

※「図書館を使った調べる学習コンクール」優秀作品は，「3学習の流れ（支援のポイント）」参照のこと。

3 小論文を書こう（5年）「メディアについて考える」　　9月指導

○教材名「メディアについて考える」
　自分が選んだメディアについて長所と短所（事実）を調べ，自分の意見（考えたこと）と区別して書くようにする。

1　目　標
- 身の回りのメディアについて関心をもち，相手に伝わるように事実や考えたことなどを関連付けて文章にまとめようとする。
- 各メディアの特徴や役割についての情報を収集し，調べたことや自分の考えを分かりやすく伝えるために文章構成を考えて書く。

2　学校司書と担任の連携ポイント
①児童が課題を設定するために適したツール（思考を広げ，絞り込む）を準備する。
②児童が選んだメディアや課題に応じた図書館資料を揃える。
③情報カードを準備するとともに，引用・要約の仕方，奥付の書き方を例示して指導する。
④児童が課題に即した図書館資料を選べるように助言する。
⑤「文章構成図」の記入例を示したり，活用した文章の書き方について説明したりする。
⑥読む過程で，分からない言葉等を調べられるように，国語辞典・漢字辞典・百科事典や関連する資料を用意しておく。

3　学習の流れ「8時間扱い」
（○指導のポイント　●学校図書館利活用のポイント　☆交流のポイント　△指導形態・方法）

1　つかむ（1）
- ○教科書と自分の生活体験から，どのようなメディアがあり，どのような場面で使われているのかを挙げる。
- ○ウェビングマップなどの思考ツールを用い，自分の考えを深める。
- ●それぞれのメディアの長所と短所を踏まえた小論文にするため，「なぜ様々なメディアが使われているのか」を意識して課題を設定させる。
- ○課題設定の理由を書く。
- ●文章構成図の「はじめ」に一文で書く。
　※詳しく書くのは「まとめる（2）」で行うので，ここでは短く書く。

2　つかむ（2）
- ○課題を解決するために必要な調べる項目を書き出す。
- ●課題解決に必要かどうかを吟味し，2つの観点（そのメディアを利用する長所と短所）から項目を絞る。
- ●2つの項目を文章構成図の「中1」「中2」に書く。
- ○調べるための図書館資料に目印を付ける。

文章構成図

構成		内容	文字数
一段落	はじめ	課題を選んだ理由を書く。	120字以内(6行)
二段落	中1	調べたこと（事実）を具体的に書く。 中1とは別の調べたことと事実を書く。 自分の意見や感想は書かない。	280字以内(14行)
三段落	中2		280字以内(14行)
四段落	おわり	調べた課題に対する自分の意見や感想を書く。 はじめや中と内容が合うように書く。	120字以内(6行)

一 形式（800字）　五年　小論文を書こう
二 構成表を書こう　…つなぎ言葉や文末を考えて書く。

題名
はじめ　ラジオはあまり見かけないのに、新聞にラジオ欄があることを不思議に思った。
　　　　から、本で調べた。

中1　まず、（ラジオが使われる場面　移動中、災害時、音楽・朗読　番組などで使われることが）
　　　　～分かった。
※続けて調べた内容を書く。

中2　次に、（なぜテレビの方が多く使われるのか（テレビとの違い）映像が好まれやすいこと）について調べた。
　　　　～分かった。
※続けて調べた内容を書く。

おわり　※文末は「～と感じた、～と思った、～分かった。」
これからの生活や学習に生かすこともできる。
ラジオは映像がない分、集中して聞きたいときや、想像しながら聞きたいときに役立つメディアなので、地震や台風にそなえて準備しようと思った。
こともあるが、テレビで映像がない方が分からなくなることもあるけれど、手軽に聞きたいときに使われているのだと分かった。

- ※基本的な知識や情報は、初めに百科事典で調べたり確認したりする。
- 図鑑、年鑑、百科事典など、それぞれの図書館資料の特徴を押さえる。

3　調べる（1）

- 課題に合った図書館資料を選ぶ（複数の図書館資料で調べる）。
- 付箋紙、情報カードを準備する。
- 図書館資料を読みながら、必要なところに付箋紙を貼る。付箋紙に調べる項目の番号を書く。
- 付箋紙を読み返して情報カードに書く。
  - ・引用と要約を区別させる。
  - ・図表や写真の有用性に気付かせる。
  - ・数値で表せるものは数値を入れさせる（文章に説得力をもたせる）。
  - ・短い文章で記入させる。
  - ※引用と要約の方法は、この単元のみならず、適時指導を重ねる。この単元の事前にも指導しておくことが望ましい。ここでは、特に引用の決まりについて押さえる。

4　調べる（2）

- 情報を整理し、必要な情報をまとめる。
- まとめカードを準備する。
- 情報カードから、課題に合わないものを抜いたり、足りない事柄を調べ直したりする。
  - ・事実を裏付けるデータや理由が明確でなかったら、再度調べる。
- 関連する情報カードをまとめカードにまとめる。

5　まとめる（1）

- 情報カードとまとめカードを並べて書く順番を決める。
- 調べて分かったことを結論付ける。
- 文章構成図の「中1」「中2」に書く。
  - ・文末は「～分かった」にする。
  - ・結論のみを一文にする。

○文章構成図に調べた課題に対する自分の意見や考えを書く。
●文章構成図の「おわり」に，1～2文で書く。
　・課題からずれないようにする。
　・事実と関連付けて書かせる。
6　まとめる（2）
○文章構成図とまとめカードを基に，「はじめ」「中1」「中2」「おわり」を書く。
　　　「はじめ」……120字以内（6行）
　　　「中1」………280字以内（14行）
　　　「中2」………280字以内（14行）
　　　「おわり」……120字以内（6行）
　　　「中1」「中2」には，調べた事実のみを具体的に書く。自分の意見や感想は書かない。
●どこから書き始めてもよいとし，取り組みやすくする。
○つなぎ言葉を入れて，1つの小論文にする。
※つなぎ言葉，段落のまとまりを意識して書くよう助言する。

7　伝え合う（1）
○正しい文章構成になっているかを確かめる。
☆グループで読み合い，文章構成や表現についての気付きを付箋紙に書いて伝え合う。
●事実と意見が混同していないか，理由が明確になっているかを確認させる。
○文章構成を確認しながら，段落に気を付けて清書する。
8　伝え合う（2）
○グループで読み合い，感想を交流する。
☆付箋紙を活用して互いの小論文のよいところについて感想を交流し，その後，各自で振り返りを行い自分の考えを深められるようにする。
●文章構成と文章表現についてと，内容についてで，付箋紙の色を分ける。
△異なるメディアについて書かれた小論文ごとにグループを作り，交流させる。

4　指導資料

(1)　「調べる（1）（2）」の構成

☆小論文の形式

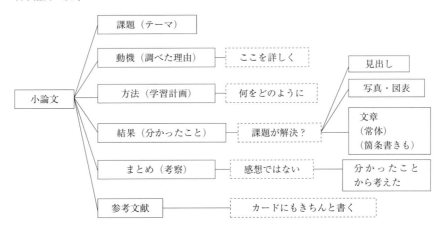

(2) 文例の活用

① 問いかける

「○○について，どのように考えればよいのだろうか」

「このような体験をどうとらえることが正しいのだろう」

② 理由を述べる

「なぜかというと，〜だからである」

「その理由は，〜だ」

③ 例をあげる

「例えば〜」

④ 反対の意見を予想して自分の考えを述べる

「例えば，〜という考えがあるかもしれないが〜」

「一方，〜と考える人がいるかもしれないが〜」

⑤ 呼び掛ける

「〜しよう」

「〜しませんか」

小論文を書こう（5・6年）　　　　　　学校司書の教育的支援

1　目　標
○ 学校図書館の利活用を通して，小論文を書く学習の教育的支援を行う。

2　担任と学校司書の連携ポイント
・担任が，単元のねらいや単元計画について学校司書に伝える。
・学校司書は，図書館資料を選べない児童への支援を行う。
・担任は学習過程における児童の学びに応じ，学校司書と分担しながら，個別指導を行う。

3　学習の流れ

《準　備》
付箋紙（色別・大きさ別），学校図書館活用ノート，
ワークシート，過去の入選作品（配布用も），対象本

①テーマ選定　（予めテーマを与えてもよい）
　・友だちや家族など，自分の生活に身近な人や出来事で気になったこと
　・身近な動植物の観察ニュースなどから，詳しく知りたいと思ったことなど
②テーマに合う（資料となる）図書館資料の選定の支援
③過去の入選作品と対象となった本の紹介
④ワークシートに沿って，小論文を書くためのメモを書く

教科・単元と関連した指導・支援

【5年】

月	教科	教材名	◆学習目標・学習活動
6月	国語	人との関わりの中で	◆材料となる事柄を集め，整理して書く ・書く事柄を集め，整理する。表現の仕方を工夫し，推敲する。感想を交流する。
9月	国語	メディアについて考える	◆様々なメディアについて調べ，その特徴や役割を報告し合う。自分たちの意見や感想を伝え，よりよい報告，説明のあり方を考える。 ・メディアを調査し，それぞれの特徴について報告会を行う。

【6年】

月	教科	教材名	◆学習目標・学習活動
9月	国語	自由な発想で随筆	◆場面の様子と自分の思いとを書き分けよう ・題材を決める。構成を考えて随筆を書き，友達と読み合い，感想を交流する。

4　指導資料及び解説

	時期	具体的な内容
	1学期～夏休み	様々な分野の本を読ませ，読書カードに記録する。 ・学年で統一した目標を立てて実施する。
指導開始	9月	・学年の実態に応じて，計画的に小論文に取り組むよう支援する。 児童への書き方指導資料提示 ・論文の書き方（事実と自分の考えを区別） ・読書履歴を活用し，指導に役立てる。
個別指導	9月中旬	個別相談
提出	10月	

募集要項	本を通して考えたこと，調べたことなどについての自分の意見を相手に伝える論文形式 400〜1200字	1行目…題（題の付け方を工夫する） 2行目…本文 ◎読書感想文や調べる学習と関連付けて書かせてもよい。 ◎「〜だ。」「〜と考える。」と文末表現を工夫。その後に，調べたことや体験したことについて，自分が考える理由や意見を順序よくまとめる。⇒ ×「〜と思う。」

5　ワークシート例

1、テーマを決めよう　小論文を書こう
二、資料になる本を探す
三、題名とのつながりを考えて本を読む
四、大切なことに付箋紙を貼り、カードに書き出す（三つくらい）
五、わかったことを短くカードに書く
六、まとめを書く
・調べてわかったこと
・一番大切だと思うこと
・自分の生活を振り返り、感想やこれからの目標、希望を書く
七、はじめを書く
・書き出しの工夫
・結論から書く、会話文を用いるなど
・調べた理由、調べた本について
八、清書して読み直す

6　ブックリスト（小論文作成によく使われる作品リスト）

NDC	書名	著者名	出版社	発行年	あらすじ
913	チョコレートと青い空	堀米薫 作 小泉るみ子 絵	そうえん社	2011	農家をやっている我が家に，ガーナ人の研修生がやってきた。彼がいうチョコレートの本当の味とは。
361	ゲームはたのしいけれど… 池上彰のなるほど現代のメディア	ステルギオス・ボツァキス 著 池上彰(日本語版監修)	文溪堂	2011	ゲームや音楽，テレビ，映画などのさまざまなメディアとの付き合い方について学び，考える。
E	ひとりひとりのやさしさ	ジャクリーン・ウッドソン 文 E・B・ルイス 絵	BL出版	2013	転校生のマヤはみすぼらしい格好でお弁当もみんなと違う。いじめと優しさについて考える絵本。
371	いじめられている君へ いじめている君へ いじめを見ている君へ	朝日新聞社	朝日新聞出版	2012	63人の著者が，いじめをテーマに，それぞれの立場にいる人へ向けた命のメッセージ。
913	ヒロシマの風 伝えたい，原爆のこと	吉永小百合 編 男鹿和雄　YUME 絵	KADOKAWA	2014	広島に住む祖母の病気をきっかけに，現代の小学生が原爆と平和について考える。
916	命をつなげ！ドクターヘリ	岩貞るみ子 作	講談社	2008	救命救急でドクターヘリに関わる人々の様子と，その熱い思いが伝わるノンフィクション。

916	私が今日も,泳ぐ理由 パラスイマー一ノ瀬メイ	金治直美 文	学研プラス	2016	短い右腕は個性なのに,からかう人もいる。そんな人たちから守ってくれたのが水泳。パラスイマーとして活躍する一ノ瀬の泳ぐ意味とは。
373	ぼくたちはなぜ,学校へ行くのか マララ・ユスフザイさんの国連演説から考える	石井光太 文	ポプラ社	2013	マララさんの演説をきっかけに,国内外の子供たちの現在を伝える。戦争や貧困,差別について考える。
452	ぼくの先生は東京湾	中村征夫 写真・文	フレーベル	2015	かつては「死の海」とも呼ばれた東京湾を35年以上撮影し続けてきた著者。水質汚染について考える。
913	パンプキン！〜模擬原爆の夏〜	令丈ヒロ子 作 宮尾和孝 絵	講談社	2011	原爆投下の1か月前に落とされたという模擬原爆について,夏休みの自由研究で調べることにした。
E	へいわってどんなこと？	浜田桂子 作	童心社	2011	おなかがすいたら,だれでもご飯が食べられる…。 やさしい言葉で考える,平和とは。
519	100年後の水を守る―水ジャーナリストの20年―	橋本淳司 著	文研出版	2015	水不足は遠い国の問題ではなく,身近なところで起きている。将来の水を守る方法について考える。
289	大村智ものがたり〜苦しい道こそ楽しい人生〜	馬場錬成 著	毎日新聞出版	2015	大村智が,ノーベル生理学・医学賞を受賞するまでの道のりを描く。
913	きよしこ	重松清 著	新潮社	2002	言葉がちょっとつっかえるから,何でも話せる友達がほしかった。吃音に悩む少年と不思議な友達のお話。

4　読書感想文を書こう（6年）　　　　　　　　　　6月～7月指導

○国語科の授業の中で感想を交流し合い，感想の整理を経て感想文に至るよう順序・段階を大切に指導する。

1　ねらい
○自らの経験と本の内容を照合し関連付けて読もうとする。
○興味・関心に応じて読み取った本の内容から，自分の考えを書くことによって深め，自分を振り返りながら表現する。

2　学校司書と担任の連携ポイント
①児童が何に興味・関心をもち，どのような本を読んできたか調べる。個に応じた適切な本を紹介できるよう綿密に打ち合わせる。
②どのように本を手渡すかの工夫をする。
③国語教科書で紹介される様々な本を，担任と学校司書が分担し工夫して案内し，興味・関心をもたせ，読書の幅を広げる。
④読書月間で読書量を増やし，発達段階と個に応じた適切な本を選ぶことができるよう読書指導を計画的・継続的に行う。
⑤おもしろい・不思議だ・感動した場面を抜き書きし，表現に注意して読むために，付箋紙を活用するための準備・指導を協働して行う。
⑥読書感想文入選作品を複数準備し，必要に応じて印刷配布するなど分担して指導する。
※読む過程で，分からない言葉等を調べられるように，国語辞典・漢字辞典を用意する。
※日常的に本を手に取ることができるようにするために，公共図書館の集団貸出も含めてブックトラック等を活用して学級文庫を整備しておく。

3　学習の流れ「6時間扱い」
（○指導のポイント　●学校図書館利活用のポイント　☆交流のポイント　△指導形態・方法）

1　つかむ（1）
○7月文学教材の指導過程で，文章表現に注意し，登場人物の心情の変化を読み取らせるよう指導する。
●表現に注意して読む，問いかけながら読む，心情の変化と中心を把握する過程を大切に指導する。
※「感想」は，他の人と違うと嫌だ・恥ずかしいという気持ちが発生しやすい点に留意しておく。
※ワークシート等に，まず記入させる。
・印象に残った場面の紹介。その場面を選んだ理由。疑問点やそれについて考えたこと。
○国語教科書に掲載されている「読書案内や本の紹介」に出てくる本を紹介する。
2　つかむ（2）

○読書感想文入選作品を読む。
・意見と事実・事例を区別して読み取らせる。
・文章の組み立てに注意して読み取らせる。
・文末表現に注意して読み取らせる。
・なぜ，この題名なのかを考えさせる。
●気付いた良い文章に付箋紙を貼る。一言コメントを入れる（サイドラインでもよい）。
※自分の経験と比べる視点を大切にする。

☆黒板（電子黒板・タブレットPC，例示は縦書きだが横書きも可）

全体構想図	読書感想文を書こう				文章の組み立て				文末の表現に気を付けよう	
	まず 詳しく読み取ろう	○二回目に読むときメモしよう フセン活用	一 自分と比べて似ている・似ていない	二 笑った 涙が出た 驚いたところに	三 初めて知った・不思議に思った	四 心に残った・まねしたい	五 話の続きを考えた	はじめ・書き出しを工夫	なか・メモやフセンに詳しく	おわり・気持ちの変化・これから 家族の話・自分の経験から	人が言った言葉・文には「」をつける	△△と思いますをくり返さない ○○です と である を一緒にしない

○自分が興味・関心をもった本を選んで読む。
●担任・学校司書は，個別指導を行い，適切な本を選ばせる。

3 調べる（読む）(1)
○選んだ本を読む（時間内に読み終わらないが，その本のはじめの30～50ページを時間中に読ませること）。
※残りは，家で読ませる。
●読み始めて，本を取り替えたい・おもしろくないと児童が感じている場合は，再度よく話を聞き，支援する。
●付箋紙の使い方を指導する。
※色別付箋紙の使い方。
※一言コメントや小見出しの書き込み。
●全文読了後に，再度，付箋紙を貼った前後の部分を読み返すことを伝える。
○一読後，最初に感じたことをメモする（短文でよい。複数書かせてもよい）。

4 調べる（読む）(1)
○家で読む場合も，付箋紙を使うことを指導し，持ち帰らせる。

●分からない言葉は，辞書で調べさせる。
●本を選んだきっかけ（表紙や題名から感じたこと・作者）や選んだときの思い出，読み始めた時の気持ちなどをメモしておくとよいことに気付かせる。

―――3, 4を1時間で指導―――

5　まとめる（1）
※この時点では本を一度は読み通している段階（再読している場合もある）。
○付箋紙とメモ及び付箋紙を貼った前後の文を読み返し，一言感想・小見出しを書き込ませる。
●読み返す時に，自分と比べたり，1回目に読んだ時と考えが変わった点なども付け加えさせる。
※作者の伝えたいことが読み込めているかを確かめさせる。
●題名・作者についてやこの本と出会った時のことを簡単にまとめさせる。

6　まとめる（1）
○読書感想文の「はじめ・なか・終わり」の構想ワークシートに，付箋紙やメモの中から必要なものを選んで書き込む。
※読書感想文の大体の構想ができたところで，ワークシートを読み返し，抜けている点がないか確かめさせる。
●文の書き出しの工夫の支援を行う。
・自分の経験を最初に。
・自分の感想の中心から書き出す。
・本を選んだきっかけから。
・本文中の印象的な言葉・文を抜き出して書き始める。
・会話文から。

―――5, 6を1時間で指導―――

7　まとめる（1）
○前時に書き終えない場合，書く時間を入れる。
○終わりの部分を工夫させる。
●自分の考えの変化や本から学んだこと，これからの自分に生かしたいことなどに触れてまとめるようにさせる。
・一文が長い場合は，2～3に分けるとよいことに気付かせる（助言する）。
●段落と段落のつなぎ方を考えさせる。
●文末表現や誤字・脱字がないかを確認させる。

8　伝え合う（1）
○自分の考え・感想が明確になっているかを確かめる。
○読書感想文を発表する。
・感想の中心に気を付けて聞くようにさせる。
題名は，自分の感想の中心が分かるように表現させる。「～を読んで」にしないように。
●文集をつくる。

―――7, 8を1時間で指導する―――

4　指導資料

(1) 書くための材料集め

①本をじっくりと読む。

②もう一度，読む。

③読み取る視点を参考に，付箋紙を貼る。

　　・色別付箋紙を活用する。

④付箋紙に書き込む。又はメモする。

⑤国語辞典を手元に置き，語句の意味を確かめながら読む。
　・かわいそうなところ
　・おどろいたところ
　・不思議に思ったところ
　・初めて知ったところ
　・心に残る言葉（必ずメモしておく）
　・作者の伝えたいことは何だろう
　・題名から思ったこと（予想したこと）
　・話の続きを考えたところ
　・気持ちを想像して
⑥自分と比べながら。
⑦なぜそうなるのか，理由を考えながら。
⑧あらすじを簡単に書く（3〜4行）。
※付箋紙・メモの前後の文を再度読む。
○関連する付箋紙・メモをまとめ並べる。

(2) 読み取る視点

①出来事・行動・場面の移り変わり。
※きっかけとなる出来事や行動
②主人公や周りの人々の言葉・行動と気持ち。
※事件や出来事と人々の気持ち
③主人公等の行動や気持ちの変化。
※どんなことから変化が生まれたか。
④中心となる場面・行動とその場景や変化。
※主人公の変化を通して，作者が伝えたいこと
⑤終わりの場面では？
※自分はどう感じたか。
★自分の考え・経験と比べさせる。
○読書感想文入選作品から，読み取る視点をメモさせ，自分の読みの視点に加えさせる。

☆<u>自分に合った，心を動かされる本を探そう。</u>
　△思いっきり楽しめる本
　△自分を見つめ直せる本
　△新しいことを教えられる本
　△著名な人物の生き方から学ぶ本

※魅力的な題名の本
※家族や先生・学校司書のお薦めの本

(3) 読書感想文の構成
①はじめ
②なか①（登場人物等の行動と変化から思ったこと）
③なか②（自分と比べて・自分の変化）
④終わり・結び
- 段落と段落のつなぎ方に注意させる。（つなぎ言葉）
- 事実「～だ。～だった。」，考え「～と考える。～だろう。～ではないでしょうか」，文末表現に注意。6年生は，常体で書かせた方がよい。

(4) 書き出しの工夫
- 書き出しの3～5行が極めて重要
①自分の経験から。
②感想の中心から。
③本を選んだきっかけから。
④自分の感想の変化や家族の会話から。
⑤読んだ本の文章から。
※自分の感想・考えを理由を含めて明確にさせておく。
※その本を読む前に，その本に書いてある内容についてどのように思っていたか。

5　調べる学習を進めよう（6年）　　　　　　　　　　　　5～6月指導

○ニュースに関心をもたせ，新聞を活用し，新聞記事を読むように指導しておく。（小学生新聞・区報・一般紙）
☆国語教科書「このニュース，わたしはこう思う」の学習の発展として取り扱う。（話すこと・聞くこと→読むこと・書くことに重点を）

1　目　標
○調べる目的を明確にして，調べた事柄が伝わるように書こうとする。
○テーマを深め詳しく調べ，事実を基に自分の考えをまとめ，論理的に伝える。

2　学校司書と担任の連携ポイント
①各種の新聞を常時用意し，興味を持って読める環境をつくる。
②TVニュースと新聞の違いが分かる図書館資料等を用意する。
③国語教科書に掲載されている本や調べるための本及び新聞やニュースに関する本をブックトークで紹介する。
④年鑑・白書・統計資料・地図・年表等の見方・使い方について，分担して指導・支援できるように打ち合わせを深め，年鑑等を準備する。
⑤図書館を使った調べる学習コンクール6年入選作品を展示し読むように働きかける。
⑥テーマをもって図書館資料で調べることに興味・関心をもたせ，調べる意欲を高める。
※読む過程で，分からない言葉等を調べられるように，国語辞典・漢字辞典・百科事典や関連する資料等を用意しておく。
※調べるテーマの範囲を限定する。（図書館資料が不足する場合）

3　学習の流れ「10時間扱い（6時間で指導してもよい）」
（○指導のポイント　●学校図書館利活用のポイント　☆交流のポイント　△指導形態・方法）

1　つかむ（1）
○「このニュース，わたしはこう思う」（例示・他の作品でもよい）の発展として，図書館を使った調べる学習を取り扱う。
※特に，【ニュースと編集について】等で，編集とは何かや編集の仕方を学習し，新聞紙面の構成や記事の書き方及び写真・図表について学習させ，調べたことを新聞で表す意欲をもたせる。
○各種の新聞から，自分が関心・興味のある記事を集め，その中からさらに調べたい課題を作る。
※教師作成の新聞で「ゴール表現モデル」を提示し，学習の見通しをもたせる。
2　つかむ（1）
○課題作りについては，太陽チャートで視点を広げ，「の」を付けた課題焦点化や3点決めなどで，課題を絞り込ませる。
●課題は「～について」や「米の料理」等ではなく，できるだけ文章で表記させる。

☆黒板（電子黒板・タブレットPC，例示は縦書きだが横書きも可）

| 全体構想図 | 新聞をつくろう
調べたことを基に自分の意見を発信しよう | ○学習内容
一　ニュースの編集の仕方を知る
二　新聞を読み興味のある記事を集める
三　調べたいことを決める
四　百科事典や本などで調べる
五　記事を書き見出しを作る　　紙面の構成 | 新聞記事の書き方
○常体で書く
○事実と考えを書き分けよう
○いつ・どこで・だれが・何を・どうしたか・それはなぜか　……だ　……ある | 見出し
○その記事の中で一番伝えたいこと
○主見出しは六から八文字で作る
○副見出しは十二文字程度にする |

※課題が決まったら，そのことに関して，まず百科事典・国語辞典で基本的な事項を調べさせる。
　その中からも，関連する課題を見付けさせる。
【引用と要約の仕方の指導】
　　　　　　　———1,2を1時間で指導する———

3　調べる（1）
☆課題別グループを構成し，調べたことを情報交換させながら，調べさせる。
○課題に関する図書館資料・情報ファイル・各種新聞を探し，課題解決につながる情報を調べる。
○情報カードに，調べたことを書き込む。
（1項目につき，1枚のカード）
☆調べる過程で，課題に関連する情報について，互いに知らせ合う「情報交換タイム」を設定する。
4　調べる（2）
○年鑑・統計資料・地図・年表・伝記及びルール等，課題解決に必要なその他の情報源からも調べる。
●情報カードを，関連する項目ごとに並べ，不足している情報がないか確かめさせる。
☆「情報交換タイム」も設定する。
○集めた情報から，大切な情報の順に並べて，小見出しを付けてまとめる。
　　　　　　　———3,4を2時間で指導する———

5　まとめる（1）
○カードを全て並べ，付け足すことがないか確認する。
※調べたことから，結論を書く。
●自分の考えや思いが伝わるかを確かめる。
○書き出しの文を工夫する。→結論から書く方法もよい（見出し）。
●記事には，5W1Hが必要なことを伝える（文字数カウント）。
●小見出しに従って項目に分け，項目ごとに記事を書くようにさせる。
※1文を長くしないようにさせる。
※分かったことや結論から書き始めるとよいなどに気付かせる。
※つなぎ言葉，段落のまとまりを意識して書くよう助言する。
○記事の見出しを作成する。
6　まとめる（2）

○紙面構成に従って，見出し・記事を書く。
● 根拠が分かりやすいかを助言する。
※写真・図表などの補助的資料が必要かを助言する。
※主見出し・副見出し，リード文が適切かを助言する。
● 紙面を何段組みにするか，あらかじめ複数示しておく（4段・5段）。
☆「情報交換タイム」を設定する。

―――5，6を2時間で指導する―――

7　伝え合う（1）
○前時に書き終えない場合，書く時間を入れる。
○必要な修正を加える。
● 読み直す（推敲）
・一文が長い場合は，2～3に分けるとよいことに気付かせる（助言する）。
● 段落と段落のつなぎ方を考えさせる。
● 事実と意見が区別して書かれているか，結論・まとめが分かりやすくなっているか。
8　伝え合う（1）
○グループ内で発表する。
○紙面の構成，見出しに注目して聞くようにさせる。
● 新聞を掲示し，他の学級・学年と交流する。

―――7，8を1時間で指導する―――

4　指導資料

(1) 課題の作り方

①太陽チャート

②「の」の字を付ける。

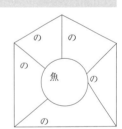

(2) 新聞の構成・記事をまとめる視点

①新聞のように

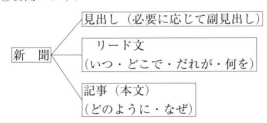

②新聞記事
　○まず，調べたこと（情報カード）から関連することを並べ，まとめる。

○ひとまとまりの情報カードから，さらに詳しく調べる必要があるかを判断する。
○調べたことから，まず結論を書く。
○その後で，細かな情報について説明する。
○ひとまとまりの記事から，見出しを作る。
※一番大切だと考えたことを見出しに。
○リード文は，その記事の要約から作る。
※写真・図表等が必要か判断する。

(3) 調べる前に

○情報カード
「いつ・どこで・だれが・何を・どうしたか・それはなぜか」を，いつも意識して，記入する。
○国語辞典を常に活用し，すぐ意味を調べておく。
○百科事典の項目の中で，最初の一文はそのことの定義だから「引用すること」。その後の文は，説明になるので，その文は要約すること（書名・出版社名等）。

(4) 新聞紙面の構成（レイアウト）

①各種の新聞記事を読んで，自分が興味をもった記事（見出し・写真等を含む）を切り抜く。
　※各新聞に同じ内容の記事があれば集め，切り抜く。
　※新聞記事がどこからどこへ続くかを注意する。
②記事が集まったら，A4判台紙に記事を貼り付ける。
　（紙面の構成を考えて，貼り付ける）
③紙面のあいている所に記事を入れる。
　※関連する記事，次に興味がある記事を集めておく。
○①〜③を，何度か経験させるとよい。

6　小論文を書こう（6年）「自由な発想で」　　　　　　7月指導

○場面の状況と自分の思いや考えを書き分けて表現する能力を身に付けることを大切にする。

1　目　標
○調べたことを根拠にして事実と意見を区別し，筋道を立てて書こうとする。
○読み手を意識して書くことで自分の考えを明確にするとともに，互いに読み合うことで様々なものの見方や考え方に触れ，自分の考えの幅を広げる。

2　学校司書と担任の連携ポイント
①児童が何を調べようとしているか，学校司書と事前に連携して把握し，個に応じた適切な図書館資料の提供ができるようにする。
②個々の興味・関心に応じた適時・適切な本を手渡すための工夫をする。
③テーマを設定するために適したツール（思考を広げ，絞り込む）を事前に準備するとともに，付箋紙の使い方等を分担して指導できるようにする。
④なぜだろう・不思議だ・詳しく知りたい場面を抜き書きしたり，付箋紙を活用したりするための準備や指導を協働して行う。
⑤読む過程で，分からない言葉等を調べられるように，国語辞典・漢字辞典・百科事典や関連する資料を用意しておく。
⑥小論文の参考になる本を手に取ることができるようにするために，公共図書館の集団貸出も含めてブックトラック等を活用して学級文庫を整備しておく。
⑦「文章構成表」（ワークシート）について，共同して記入例を示したり，活用した文章の書き方について説明したりする。

3　学習の流れ「8時間扱い」
（○指導のポイント　●学校図書館利活用のポイント　☆交流のポイント　△指導形態・方法）

1　つかむ（1）
○興味のある事柄や伝えたいと思う出来事を集めたものから，随筆の題材となるものを1つ選ぶ。
●選んだ題材について，ウェビングマップとドーナツチャートを使って自分の思いや考えを広げ，絞る。
●文章構成表（ワークシート）の「はじめ」に題材を書き込む。
●文章構成表の「はじめ」に，題材となる出来事についての概略を書く。
　・文末の例として「～ということがあった。」を挙げる。
2　つかむ（1）
○事実の根拠となる，調べる項目を書き出す。
●選んだ題材を伝えるために適切かどうか吟味し，2つの観点から項目を絞る。
●2つの項目を，文章構成表の「中1」「中2」に書く。

```
☆黒板（電子黒板・タブレットPC，例示は縦書きだが横書きも可）
```

| 全体構想図 | 小論文を書こう | 自分の意見を発信しよう | ○学習内容 一　例文を基に小論文の組み立てを知る。 二　読んだ内容に自分の考えをメモする。 三　自分の意見の組み立てを工夫し文章にする。 四　友達の小論文の良さを見付け加える。 五　小論文を読み合い、感想を伝え合う。 | 文章の組み立て ○常体で書く・「〜である」「〜だ」 ○事実と考えを書き分けよう 文末表現に注意しよう 事実は得た情報と自分の体験から | 文のつなぎ方に気を付けよう 次に、要するに、つまり、でも、しかし また、このように、だから、一つ目は 二つ目は、このような理由から、結論は |

- 調べるための図書館資料に目印を付ける。
- 図鑑，年鑑，百科事典など，それぞれの図書館資料の特徴を押さえる。

3　調べる（1）
- 課題に合った図書館資料を選ぶ。
- ○図書館資料を読みながら，必要なところに付箋紙を貼る。付箋紙に調べる項目の番号を書く。
- 付箋紙を読み返して情報カードに書く。
  - ・引用と要約を区別させる。
  - ・図表や写真の有用性に気付かせる。
  - ・数値で表せるものは，数値を入れさせる。
  - ・短い文章で記入させる。
  - ・1枚のカードに1つの情報だけ書かせる。

4　調べる（1）
- ○情報を整理し，必要な情報をまとめる。
- 情報カードから，課題に合わないものを抜いたり，足りない事柄を調べ直したりする。
  - ・事実を裏付けるデータや理由が明確でなかったら，再度調べる。
- 関連する情報カードを，まとめカードにまとめる。

5　まとめる（1）
- ○情報カードとまとめカードを並べて書く順番を決める。
- ○調べて分かったことを結論付ける。
- 文章構成表の「中1」「中2」に書く。
  - ・文末は「〜だ。」「〜である。」にする。
  - ・結論のみを一文にする。
- ○文章構成表に調べた課題に対する自分の考えを書く。
- 文章構成表の「おわり」に，1〜2文で書く。
  - ・事実と関連付けて書けるようにする。

6　まとめる（1）
○文章構成表とまとめカードを基に，「はじめ」「中1」「中2」「おわり」を書く。
●「中1」「中2」には，調べた事実のみを具体的に書く。自分の意見や感想は書かない。
●どこから書き始めてもよいとし，取り組みやすくする。
○つなぎ言葉を入れて，小論文にする。

7　伝え合う（1）
☆グループで読み合い，文章構成や表現についての気付きを付箋紙に書いて伝え合う。
○事実と自分の思いや考えが混同していないか，根拠や理由が明確になっているかを確かめる。
△文章構成を確認しながら段落に気を付けて清書する。

8　伝え合う（1）
☆グループで読み合い，感想を交流する。
○文章構成と文章表現についてと，内容についてで付箋紙の色を分ける。
　・付箋紙1枚に1つのことを書くようにする。
☆1グループ3名で行い，1回の読み合いは7分間とする。
☆小論文を発表する。
☆文集を作る。

4　指導資料

○文章構成表を段落ごとに文章化した例（「はじめ」「中1」「中2」「おわり」は，どれから書き始めてもよい）

7　小論文を書こう（6年）　　　　　　　　　　6月～7月指導

○環境・平和・人権・オリンピック・パラリンピック・職業などの中から，各教科書・本などで考えたことなどを生かしテーマ設定ができるようにしておく。

1　目　標
○学習したことや体験したことから，自分の考えを深めようとする。
○テーマを深め詳しく調べ，事実を基に自分の考えをまとめ，論理的に表現する。

2　学校司書と担任の連携ポイント
①児童が何を調べようとしているか，学校司書と事前に連携して把握し，個に応じた適切な図書館資料の提供ができるようにする。
②個々の興味・関心等に応じた適時・適切な本を手渡すための工夫を行う。
③テーマを絞り込むためのツール等を事前に準備するとともに，付箋紙の使い方などを分担して指導できるようにする。
④年鑑・白書・地図・年表などの特徴と，その使い方について，学校司書と分担して指導できるよう準備する。
⑤おもしろい・不思議だ・詳しく知りたい場面を抜き書きしたり，付箋紙を活用したりするための準備・指導を協働して行う。
⑥その学年の小論文入選作品を複数準備し，必要に応じて印刷配布するなど分担して指導する。
※読む過程で，分からない言葉等を調べられるように，国語辞典・漢字辞典・百科事典や関連する資料等を用意しておく。
※日常的に本を手に取ることができるようにするために，公共図書館の集団貸出も含めてブックトラック等を活用して学級文庫を整備しておく。

3　学習の流れ「8時間扱い（5時間で指導してもよい）」
（○指導のポイント　●学校図書館利活用のポイント　☆交流のポイント　△指導形態・方法）

1　つかむ（1）
○学習したり体験したことから考えたことを絞り，自分の考えをさらに深める。
●「オリンピックの歴史について」「パラリンピック」等はテーマとして相応しくない。その中の何を深めたいのか，明確にさせる。
●自分との関係を常に意識させる。
※テーマについて，そのテーマにした理由を簡単に書いておく。
○テーマが決まったら，関連する図書館資料を選ぶ。
※百科事典で，テーマに関する基本的な事項を調べ，引用する。引用したことから，さらに調べる点を明確にし書き出す。関連事項も書き抜く。

※年鑑等，統計資料を活用
2　つかむ（1）
○小論文入選作品を読む。
・意見と事実・事例を区別して読み取らせる。
・文章の組み立てに注意して読み取らせる。
・文末表現に注意して読み取らせる。
・なぜ，この題名なのか，考えさせる。
●自分の問題意識に関係するところに付箋紙を貼る。一言コメントを入れる。
○自分のテーマを見直し，必要な資料を探す集める。
●担任・学校司書は，資料選択とテーマについて個別指導をする。
※できた児童から資料を読ませる。

3　調べる（1）
○テーマに応じた図書館資料，2～3冊を読みながら，必要なところに付箋紙を貼る（付箋紙にメモ・一言コメント）。
●付箋紙を読み返し，カードに書き抜く。
※引用と要約を区別させる。
※図表や写真の有用性に気付かせ，統計資料も活用させる。
●関連するカードにまとめる。
○調べて分かったこと，一番大切だと思う点を書き出す。
●情報カード・まとめカードの準備
4　調べる（1）
○調べたこと・分かったこと・一番大切だと思うことから書く。
●事実や理由が明確でない場合は再度調べ，数値や事例などを加える。
○自分の考えを基にして，改善することや気を付けたいこと，提案等を書く。
●カードの記入は，長い文章にしないようにする。
●全てのカードを並べて，書く順番を決める。
————3，4を1時間で指導————

5　まとめる（1）
○カードを全て並べ，付け足すことがないか確認する。
※調べたことから，結論を書く。
●結論を裏づける事実があるか，確かめる。
○書き出しの文を工夫する。→結論から書く方法もよい。
●書き出しの文→結論。その後に，問いかけ→自分の考えを入れる形式でもよい。
●次に，根拠となる事実の示し方を考える。
●最後に自分の考えを書く。（分かったこと）→まとめ
●文と文をつなぐ言葉や段落の構成，順序等を指導する。
6　まとめる（1）
※分かったことや結論から書き始めるとよいことに気付かせる。
※つなぎ言葉，段落のまとまりを意識して書くよう助言する。
●根拠が分かりやすいか，助言する。
○書き出しの文章を工夫し，全体の構成を意識して文章を書く。
※1200字以内で書く。
●題名は最後に書く。
————5，6を1時間で指導————

7　伝え合う（1）
○前時に書き終えない場合，書く時間を入れる。
○必要な修正を加える。
●読み直し（推敲）の視点をワークシート等で明示する（意見の表し方）。
・一文が長い場合は，2〜3に分けるとよいことに気付かせる（助言する）。
●事実と意見が区別して書かれているか，結論・まとめが分かりやすくなっているか。
8　伝え合う（1）
○自分の考え・まとめ・提案等が根拠を含めて明確になっているか確かめる。
○小論文を発表する。
・考えや根拠に注意して聞くようにさせる。
題名は，自分の考えの中心が分かるように表現させる。「〜を読んで」にしないように。
●文集をつくる。
————7，8を1時間で指導する————

4　指導資料

(1) 文例の活用

①問いかける
　「みなさんは，どう思いますか」
　「みなさんは，このような経験をしたことはありませんか」
②理由を述べる
　「なぜかというと，〜だからである」
　「その理由は，〜だ」
③例をあげる
　「例えば〜」
④反対の意見を予想して自分の考えを述べる
　「例えば，〜という考えがあるかもしれないが〜」
　「一方，〜と考える人がいるかもしれないが〜」
⑤呼びかける
　「〜しよう」「〜しませんか」

(2) 読み取る視点・聞き取る視点

①自分の考えと似ているところ，違うところ
②自分の疑問への答えがあるかどうか
③知りたいことと関連するところ
④事実・事例が示されているところ
⑤何故？不思議だなと思ったところ
⑥初めて知ったというところ

⑦調べて気付いた点や考えが深まった点
⑧自分の考えに根拠・理由をつけて明確にしているか
⑨もっと知りたい，続きは？というところ
⑩真似したいなと思うところや提案したい点
※できる限り，理由・根拠をつける。
○絵や写真等・図表を見て，気付いたことも加えてよい。
○一番大切だと思った点が伝えられているか読み返す。
●メモの視点としてもよい
●百科事典は基礎資料。ここで調べ終わりとしないように。ここで終わりの場合は，テーマが掘り下げられていないことにつながる。

(3) 小論文の構成

①結論
②事実①（根拠）
③事実②（根拠）
■「自分の考え・反対の意見を予想した自分の考え」としてもよい。その場合は，事実がこの後に。
④自分の考え・反対の意見を予想した自分の考え
⑤まとめと提案・願い
●段落と段落のつなぎ方に注意する（つなぎ言葉）。
●事実「〜だ。〜だった。」，考え「〜と考える。〜だろう。〜ではないでしょうか」，文末表現に注意。

(4) 書き出しの工夫

●書き出しの3〜5行が極めて重要
①自分の考え・調べたことに体験を加え，書き始める。
②結論から書き出す。
③経験やTV・新聞等で話題になっていることから。
※自分の経験や家族の会話から。
※調べた本の文章から。
※自分の感想や考えを，理由を含めて明確にさせておく
【終わり・結び】
○まず，調べて分かったことや大切なこと。次に今後の目標や提案・願いを書く。

資　　料

1　教育関係の主な法規〈抜粋〉
(1) 教育基本法
　第1条　教育は，人格の完成を目指し，平和で民主的な国家及び社会の形成者として必要な資質を備えた心身ともに健康な国民の育成を期して行われなければならない。
　第2条1　幅広い知識と教養を身に付け，真理を求める態度を養い豊かな情操と道徳心を培うとともに，健やかな身体を養うこと。

(2) 学校教育法
　第21条5　読書に親しませ，生活に必要な国語を正しく理解し使用する基礎的な能力を養うこと。
　第30条2　生涯にわたり学習する基盤が培われるよう，基礎的な知識及び技能を習得させるとともに，これらを活用して課題を解決するために必要な思考力，判断力，表現力その他の能力をはぐくみ，主体的に学習に取り組む態度を養うことに，特に意を用いなければならない。

(3) 学校図書館法
　第1条　この法律は，学校図書館が，学校教育に欠くことのできない基礎的な設備であることにかんがみ，その健全な発達を図り，もつて学校教育を充実することを目的とする。
　第2条　この法律において「学校図書館」とは，小学校～（以下，学校という）において，図書，視覚聴覚教育の資料その他学校教育に必要な資料（以下，「図書館資料」という）を収集し，整理し，及び保存し，これを児童又は生徒及び教員の利用に供することによって，学校の教育課程の展開に寄与するとともに，児童又は生徒の健全な教養を育成することを目的として設けられる学校の設備をいう。
　第3条　学校には，学校図書館を設けなければならない。
　第4条　学校は，おおむね以下の各号に掲げるような方法によって，学校図書館を児童又は生徒及び教員の利用に供するものとする。
　　　1　図書館資料を収集し，児童又は生徒及び教員の利用に供すること。
　　　2　図書館資料の分類排列を適切にし，及びその目録を整備すること。
　　　4　図書館資料の利用その他学校図書館の利用に際し，児童又は生徒に対し指導をを行うこと。
　第5条　学校には，学校図書館の専門的職務を掌らせるため，司書教諭を置かなければならない。
　第6条　学校には，前条第1項の司書教諭のほか，学校図書館の運営の改善及び向上を図り，児童又は生徒及び教員による学校図書館の利用の一層の促進に資するため，専ら学校図書館の職務に従事する職員（「学校司書」）を置くよう努めなければならない。

2　小学校学習指導要領・主たる図書館関係事項〈抜粋〉
(1) 小学校学習指導要領・総則
　○第1　小学校教育の基本と教育課程の役割
　　2　学校の教育活動を進めるに当たっては，各学校において，第3の1に示す<u>主体的・対話的で深い学びの実現に向けた授業改善</u>を通して，創意工夫を生かした<u>特色ある教育活動を展開</u>する中で，次の（1）から（3）までに掲げる事項の実現を図り，<u>児童に生きる力を育む</u>ことを目指すものとする。
　　2（1）<u>基礎的・基本的な知識及び技能を確実に習得させ，これらを活用して課題を解決するために必要な思考力，判断力，表現力等を育む</u>とともに，主体的に学習に取り組む態度を養い，個性を生かし多様な人々との協働を促す教育の充実に努めること。その際，児童の発達の段階を考慮して，<u>児童の言語活動など，学習の基盤をつくる活動を充実する</u>とともに，家庭との連携を図りながら，児童の学習習慣が確立するよう配慮すること。
　○第2　教育課程の編成
　　2　教科等横断的な視点に立った資質・能力の育成

(1) 各学校においては，児童の発達の段階を考慮し，言語能力，情報活用能力（情報モラルを含む。），問題発見・解決能力等の学習の基盤となる資質・能力を育成していくことができるよう，各教科等の特質を生かし，教科等横断的な視点から教育課程の編成を図るものとする。
(2) 各学校においては，児童や学校，地域の実態及び児童の発達の段階を考慮し，豊かな人生の実現や災害等を乗り越えて次代の社会を形成することに向けた現代的な諸課題に対応して求められる資質・能力を，教科等横断的な視点で育成していくことができるよう，各学校の特色を生かした教育課程の編成を図るものとする。

○第3 教育課程の実施と学習評価
1 主体的・対話的で深い学びの実現に向けた授業改善
(1) ～前略～特に，各教科等において身に付けた知識及び技能を活用したり思考力，判断力，表現力等や学びに向かう力，人間性等を発揮させたりして，学習の対象となる物事を捉え思考することにより，各教科等の特質に応じた物事を捉える視点や考え方が鍛えられていくことに留意し，児童が各教科等の特質に応じた見方・考え方を働かせながら，知識を相互に関連付けてより深く理解したり，情報を精査して考えを形成したり問題を見いだして解決策を考えたり，思いや考えを基に創造したりすることに向かう過程を重視した学習の充実を図ること。
(2) ～前略～言語能力の育成を図るため，各学校において必要な言語環境を整えるとともに，国語科を要としつつ各教科等の特質に応じて，児童の言語環境を充実すること。あわせて，(7)に示すとおり読書活動を充実すること。
(3) ～前略～情報能力の育成を図るため，各学校において，コンピュータや情報通信ネットワークなどの情報手段を活用するために必要な環境を整え，これらを適切に活用した学習活動の充実を図ること。また，各種の統計資料や新聞，視聴覚教材や教育機器などの教材・教具の適切な活用を図ること。
(6) 児童が自ら学習課題や学習活動を選択する機会を設けるなど，児童の興味・関心を生かした自主的・自発的な学習が促されるよう工夫すること。
(7) 学校図書館を計画的に利用しその機能の活用を図り，児童の主体的・対話的で深い学びの実現に向けた授業改善に生かすとともに，児童の自主的・自発的な学習活動や読書活動を充実すること。また，地域の図書館や博物館，美術館，劇場，音楽堂等の施設の活用を積極的に図り，資料を活用した情報の収集や鑑賞等の学習活動を充実すること。
☆（現代的な諸課題に関する教科等横断的な教育内容）に関して「伝統や文化に関する教育」・「主権者に関する教育」・「消費者に関する教育」・「法に関する教育」・「郷土や地域に関する教育」・「環境に関する教育」・「心身の健康の保持増進に関する教育」・「食に関する教育」，さらに特別な教科「道徳」や英語に関しても，図書館資料やDVD等の視聴覚教材の活用及び公共施設と人材等を生かした指導の展開が必要となる。

(2) 小学校学習指導要領・国語
○第1 目標
　言葉による見方・考え方を働かせ，言語を通して，国語で正確に理解し表現する資質・能力を次のとおり育成することを目指す。
(1) 日常生活に必要な国語について，その特質を理解し適切に使うことができるようにする。
(2) 日常生活における人との関わりの中で伝え合う力を高め，思考力や想像力を養う。
(3) 言葉がもつよさを認識するとともに，言語感覚を養い，国語の大切さを自覚し，国語を尊重してその能力の向上を図る態度を養う。
○第2 各学年の目標及び内容
　（第1学年及び第2学年）

1　目標
　(3) 言葉がもつよさを感じるとともに，楽しんで読書をし，国語を大切にして，思いや考えを伝え合おうとする態度を養う。
2　内容
　(3) エ　読書に親しみ，いろいろな本があることを知ること。
C　読むこと　(2)
　　イ　読み聞かせを聞いたり物語を読んだりして，内容や感想などを伝え合ったり，演じたりする活動。
　　ウ　学校図書館などを利用し，図鑑や科学的なことについて書いた本などを読み，分かったことなどを説明する活動。

（第3学年及び第4学年）
1　目標
　(3) 言葉がもつよさに気付くとともに，幅広く読書をし，国語を大切にして思いや考えを伝え合おうとする態度を養う。
2　内容
　(2) ア　考えとそれを支える理由や事例，全体と中心など情報と情報との関係について理解すること。
　　イ　比較や分類の仕方，必要な語句の書き留め方，引用の仕方や出典の示し方，辞書や事典の使い方を理解し使うこと。
　(3) オ　幅広く読書に親しみ，読書が，必要な知識や情報を得ることに役立つことに気付くこと。
C　読むこと　(2)
　　ア　記録や報告などの文章を読み，文章の一部を引用して，分かったことや考えたことを説明したり，意見を述べたりする活動。
　　ウ　学校図書館などを利用し，事典や図鑑などから情報を得て，分かったことなどをまとめて説明する活動。

（第5学年及び第6学年）
1　目標
　(3) 言葉がもつよさを認識するとともに，進んで読書をし，国語の大切さを自覚して，思いや考えを伝え合おうとする態度を養う。
2　内容
　(2) ア　原因と結果などの情報と情報との関係について理解すること。
　　イ　情報と情報との関係付けの仕方，図などによる語句と語句との関係の表し方を理解し使うこと。
　(3) オ　日常的に読書に親しみ，読書が，自分の考えを広げることに役立つことに気付くこと。
C　読むこと　(2)
　　ウ　学校図書館などを利用し，複数の本や新聞などを活用して，調べたり考えたりしたことを報告する活動。

○第3　指導計画の作成と内容の取扱い
　1　指導計画の作成に当たっては，次の事項に配慮するものとする。
　　(1) 単元など内容や時間のまとまりを見通して，その中で育む資質・能力の育成に向けて，児童の主体的・対話的で深い学びの実現を図るようにすること。その際，言葉による見方・考え方を働かせ，言語活動を通して，言葉の特徴や使い方などを理解し自分の思いや考えを深める学習の充実を図ること。
　　(6) ～前略（各学年の目標と内容）～に関する指導については，読書意欲を高め，日常生活において読書活動を活発に行うようにするとともに，他教科等の学習における読書の指導や学校図書館における指導との関連を考えて行うこと。

2
- (1) イ　理解したり表現したりするために必要な文字や語句については，辞書や事典を利用して調べる活動を取り入れるなど，調べる習慣が身に付くようにすること。
- (2) 第2の内容の指導に当たっては，児童がコンピュータや情報通信ネットワークを積極的に活用する機会を設けるなどして，指導の効果を高めるよう工夫すること。
- (3) 第2の内容の指導に当たっては，学校図書館などを目的をもって計画的に利用しその機能の活用を図るようにすること。その際，本などの種類や配置，探し方について指導するなど，児童が必要な本などを選ぶことができるよう配慮すること。なお，児童が読む図書については，人間形成のため偏りがないよう配慮して選定すること。

(3) 小学校学習指導要領・社会

○第1　目標

　社会的な見方・考え方を働かせ，課題を追究したり解決したりする活動を通して，グローバル化する国際社会に主体的に生きる平和で民主的な国家及び社会の形成者に必要な公民としての資質・能力の基礎を次のとおり育成することを目指す。

(1) 地域や我が国の国土の地理的環境，現代社会の仕組みや働き，地域や我が国の歴史や伝統と文化を通して社会生活について理解するとともに，様々な資料や調査活動を通して情報を適切に調べまとめる技能を身に付けるようにする。

(2) 社会的事象の特色や相互の関連，意味を多角的に考えたり，社会に見られる課題を把握して，その解決に向けて社会への関わり方を選択・判断したりする力，考えたことや選択・判断したことを適切に表現する力を養う。

○第2　各学年の及び内容目標

（第3学年）

1　目標　社会的事象の見方・考え方を働かせ，学習の問題を追究・解決する活動を通して，次のとおり資質・能力を育成することを目指す。
- (1) 身近な地域や市区町村の地理的環境，地域の安全を守るための諸活動や地域の産業と消費生活の様子，地域の様子の移り変わりについて，人々の生活との関連を踏まえて理解するとともに，調査活動，地図帳や各種の具体的資料を通して，必要な情報を調べまとめる技能を身に付けるようにする。

2　内容
- (1) ア（イ）観察・調査したり地図などの資料で調べたりして，白地図などにまとめること。
- (2) 地域に見られる生産や販売の仕事について，学習の問題を追究・解決する活動を通して，次の事項を身に付けることができるよう指導する。
- (3) ア（イ）見学・調査したり地図などの資料で調べたりして，まとめること。
- (4) ア（イ）聞き取り調査をしたり地図などの資料で調べたりして，年表などにまとめること。

（第4学年）

1　目標
- (1) 自分たちの都道府県の地理的環境の特色，地域の人々の健康と生活環境を支える働きや自然災害から地域の安全を守るための諸活動，地域の伝統と文化や地域の発展に尽くした先人の働きなどについて，人々の生活との関連を踏まえて理解するとともに，調査活動，地図帳や各種の具体的資料を通して，必要な情報を調べまとる技能を身に付けるようにする。

2　内容
- (1) ア（イ）地図帳や各種の資料で調べ，白地図などにまとめること。
- (3) ア（イ）聞き取り調査をしたり地図や年表などの資料で調べたりして，まとめること。
- (4) ア（ウ）見学・調査したり白地図などの資料で調べたりして，年表などにまとめること。

（第5学年）

1　目標
　(1)　我が国の国土の地理的環境の特色や産業の現状，社会の情報化と産業の関わりについて，国民生活との関連を踏まえて理解するとともに，地図帳や地球儀，統計などの各種の基礎的資料を通して，情報を適切に調べまとめる技能を身に付けるようにする。
2　内容
　(1)　ア（ウ）地図帳や地球儀，各種の資料で調べ，まとめること。
　(4)　ア（ウ）聞き取り調査をしたり映像や新聞などの各種資料で調べたりして，まとめること。
　(4)　イ（イ）情報の種類，情報の活用の仕方などに着目して，産業における情報活用の現状を捉え，情報を生かして発展する産業が国民生活に果たす役割を考え，表現すること。

（第6学年）
1　目標
　(1)　我が国の政治の考え方と仕組みや働き，国家及び社会の発展に大きな働きをした先人の業績や優れた文化遺産，我が国と関係の深い国の生活やグローバル化する国際社会における我が国の役割について理解するとともに，地図帳や地球儀，統計や年表などの各種の基礎的資料を通して，情報を適切に調べまとめる技能を身に付けるようにする。
2　内容
　(1)　ア（ウ）見学・調査したり各種の資料で調べたりして，まとめること。
3　内容の取扱い　※伝記を含む図書館資料の活用が重要
　(2)　ウ（卑弥呼から野口英世まで，35人の人物を取り上げ，人物の働きを通して学習できるように指導することになっている）

○第3　指導計画の作成と内容の取扱い
1　指導計画の作成に当たっては，次の事項に配慮するものとする。
　(1)　単元などの内容や時間のまとまりを通して，その中で育む資質・能力の育成に向けて，児童の主体的・対話的で深い学びの実現を図るようにすること。その際，問題解決への見通しをもつこと，社会的事象の見方・考え方を働かせ，事象の特色や意味などを考え概念などに関する知識を獲得すること，学習の過程や成果を振り返り学んだことを活用することなど学習の問題を追究・解決する活動の充実を図ること。
2
　(2)　学校図書館や公共図書館，コンピュータなどを活用して，情報の収集やまとめなどを行うようにすること。また，全ての学年において，地図帳を活用すること。

(4) 小学校学習指導要領・総合的な学習の時間
○第1　目標
　探究的な見方・考え方を働かせ，横断的・総合的な学習を行うことを通して，よりよく課題を解決し，自己の生き方を考えていくための資質・能力を次のとおり育成することを目指す。
　(1)　探究的な学習の過程において，課題解決に必要な知識及び技能を身に付け，課題に関わる概念を形成し，探究的な学習のよさを理解するようにする。
　(2)　実社会や実生活の中から問いを見いだし，自分で課題を立て，情報を集め，整理・分析して，まとめ・表現することができるようにする。
○第3　指導計画の作成と内容の取扱い
2　(2)　探究的な学習の過程においては，他者と協働して課題を解決しようとする学習活動や，言語により分析し，まとめたり表現したりするなどの学習活動が行われるようにすること。その際，例えば，比較する，分類する，関連付けるなどの考えるための技法が活用されるようにすること。
　(7)　学校図書館の活用，他の学校との連携，公民館，図書館，博物館等の社会教育施設や社会教育関係団体等の各種団体との連携，地域の教材や学習環境の積極的な活用などの工夫を

<u>行うこと。</u>

(5) 小学校学習指導要領・生活
　○第1　目標　具体的な活動を通して，身近な生活に関わる見方・考え方を生かし，自立し生活を豊かにしていくための資質・能力を次のとおり育成することを目指す。
　　　(1) 活動や体験の過程において，自分自身，身近な人々，社会及び自然の特徴やよさ，それらの関わり等に気付くとともに，生活上必要な習慣や技能を身に付けるようにする。
　○第2　各学年の目標及び内容
　　（第1学年及び第2学年）
　　1　目標
　　　(1) 学校，家庭及び地域の生活に関わることを通して，自分と身近な人々，社会及び自然とのかかわりについて考えることができ，それらのよさやすばらしさ，自分との関わりに気付き，地域に愛着をもち自然を大切にしたり集団や社会の一員として安全で適切な行動をしたりするようにする。
　○第2　内容
　　　(5) 身近な自然を観察したり，季節や地域の行事に関わったりするなどの活動を通して，それらの違いや特徴を見付けることができ，自然の様子や四季の変化，季節によって生活の様子が変わることに気付くとともに，それらを取り入れた自分の生活を楽しくしようとする。
　○第3　指導計画の作成と内容の取扱い
　　2 (2) 身近な人々，社会及び自然に関する活動の楽しさを味わうとともに，それらを通して気付いたことや楽しかったことなどについて，言葉絵，動作，劇化などの多様な方法により表現し，考えることができるようにすること。また，このように表現し，考えることを通して，気付きを確かなものとしたり，気付いたことを関連付けたりすることができるよう工夫すること。
　　　(4) 学習活動を行うに当たっては，<u>コンピュータなどの情報機器</u>についてその特質を踏まえ，児童の発達の段階や特性及び生活科の特質などに応じて適切に活用するようにすること。

（※下線は編著者）

学校図書館利活用シリーズ 1
広く深い学びをすべての子どもに

2019年7月25日　第1版第1刷発行

編著者　押　上　武　文
　　　　小　川　博　規
発行者　田　中　千津子
発行所　㈱　学　文　社

郵便番号　153-0064　東京都目黒区下目黒3-6-1
電話（03）3715-1501（代表）　振替　00130-9-98842
http://www.gakubunsha.com

乱丁・落丁本は，本社にてお取替え致します。　　印刷／新灯印刷株式会社
定価は，カバー，売上カードに表示してあります。　　　〈検印省略〉
©2019 OSHIAGE Takefumi & OGAWA Hironori　　Printed in Japan

ISBN978-4-7620-2918-9

学校図書館利活用シリーズ 2

自ら深く考える学びの指導手引き

SCHOOL LIBRARY

B5判/並製　128頁
定価（本体2000円+税）
ISBN:978-4-7620-2919-6

押上武文
小川博規
【編著】

各教科等の学習で今日求められている課題を探求する力や知識・技能を活用する力を育成する指導の創造を目指す。授業者と学校司書が協働して学校図書館を有効に利用し情報資料の適時適切な活用を促す確かな指導の工夫を図る。

各学年についての指導事例、学校司書との連携ポイント・指導資料を掲載。

序章　学校図書館利活用を学校全体で取り組むために
1. 校長のリーダーシップの在り方
2. カリキュラム・マネジメントの推進
3. 学校図書館利活用の実践
　　―「読む楽しさ,調べる喜び」の継続―
4. まとめ・今後の課題

第1章　学びをつくる低学年
Ⅰ　低学年のための学校図書館活用ナビ
　　　―学校図書館オリエンテーションは確実に―
Ⅱ　指導事例
1. 本の紹介文を書こう(1年)
2. 音読を楽しもう(1年)
3. 想像を広げながら読もう(1年)
4. 登場人物を考えながら読もう(1年)
5. 気持ちを考えながら読もう(1年)
6. 図書館資料を活用しよう(1年)
7. 学校図書館を利用しよう(1年)
8. お話をつくろう(1年)
9. 朝顔の観察をしよう
　　（1年・きれいにさいてね）
10. 行動に気をつけて読もう
　　（2年・きつねのおきゃくさま）
11. だいじなことをおとさずに読もう
　　（2年・たねのたび）
12. 読書を学ぼう(2年・ことばを集めよう)

第2章　学びを高める中学年
Ⅰ　中学年のための学校図書館活用ナビ
　　　―読書の世界を広げ・読む力をつける―
Ⅱ　指導事例
1. 国語辞典を使おう(3年)
2. 次のステージへ(3年)
3. 漢字辞典を使おう(4年)
4. 読書の幅を広げる(4年)
5. 消防の仕事と人々の協力(4年)

第3章　学びを深める高学年
Ⅰ　高学年のための学校図書館活用ナビ
Ⅱ　指導事例
1. 調べる学習をしよう(5年)十秒が命を守る
2. ITCを使って調べよう(5年)
3. ITCを使って調べよう(5年)国語科指導案
4. 年鑑を使って調べよう(5年)「調べるための本」
5. 国語科学習指導案(5年)年鑑を使って調べよう
6. 移動教室・調べる学習を進めよう
　　（5年・高い土地のくらし）
7. 台風と気象(5年・理科・調べる学習)
8. お米カレンダー(5年・社会科)
9. 広がる読書(5年)
10. 調べる学習を進めよう(6年)「説得力のある意見」
11. 歴史年表の指導(6年・社会科)
12. 伝記を読もう(6年)